SURRÉALISME ET INSURRECTION LYRIQUE

シュルレアリスムと

アンドレ・ブルトン没後50年記念イベント全記録

抒情による蜂起

[illegible]
[illegible]
la mort d'André Breton

アニー・ル・ブラン
Annie Le Brun

塚原史・星埜守之・前之園望 訳／鈴木雅雄 編

MMXVII KYOTO ÉDITIONS IRÈNE エディション・イレーヌ

SURRÉALISME ET INSURRECTION LYRIQUE « Toutes les manifestations consacrées au cinquantenaire de la mort d'André Breton »

シュルレアリスムと抒情による蜂起

——アンドレ・ブルトン没後50年記念イベント全記録

Avertissement

緒言

一九六六年九月二十七日、南仏のサン＝シル＝ラポピーからパリへ向かう救急車内で、命旦夕に迫るアンドレ・ブルトンと、彼を看護するラドヴァン・イヴシックは、二人して車窓から、沈みゆく朱の太陽を見つめ続ける。あたかも、ランボーの「永遠」のように。太陽が地平に沈むと同時に目を閉じたアンドレ・ブルトンは、翌朝、パリで帰らぬ人となった。

それから五十年後の九月十六日、アンドレ・ブルトンとラドヴァン・イヴシックの遺志を、その全身に受けた一人の女性が日本に降り立つ。その名はアニー・ル・ブラン。彼女は、最晩年のアンドレ・ブルトンと行動を共にし、三十七年間に及ぶラドヴァン・イヴシックのパートナーだった、今やシュルレアリスムにおける伝説的存在でもある。この来日は、アンドレ・ブルトン没後五十年を期した、私（Éditions Irène）と佐々木聖さん（Galerie LIBRAIRIE6）の企画として、私たちのたっての願いにより実現したものだった。

そして九月十八日、東京・恵比寿のGalerie LIBRAIRIE6で、続いて同二十一日、東京・飯田橋のアンスティチュ・フランセ東京での二度の講演で、アニー・ル・ブランは日本の観衆に熱く語りかける。両会場とも若い人が目立ち、ほぼ満員で熱気に包まれるなか、彼女の繰り出す一言一言は、誠に刺激的で力強いものだった。質疑応答においても、若者から《生き方》に関する熱心な質問が出され、それに真摯に答える彼女の発言は、現代世界に生きる私たちにとって、一筋の大きな方向性を示唆するものだった。

二度の講演を終え、アニー・ル・ブランは感慨深く、私にこう語るのだった。「イヴシックが、死を前にしたブルトンと過ごしたあの九月から、ちょうど五十年後の今、ブルトンとイヴシックを語りに日本に来ていることに不思議な縁を感じる」と。

本書は、二度の講演における貴重な発言を、できるだけ多くの読者に伝えるべく、そしてまた後世にも残すべきものとして、アンドレ・ブルトンの重要作品を付して、その全記録を収録した。さらに、アニー・ル・ブランの来日に合わせて開催された、Galerie LIBRAIRIE6における「アンドレ・ブルトン没後五十年記念展」の展示作品の一部を紹介し、《客観的偶然》の一例ともなる克明なアニー・ル・ブランの来日記を披露することにより、アンドレ・ブルトン没後五十年を期したイベントの全容を取りまとめた。

アンドレ・ブルトンが生きた時代よりも、はるかに愚かしく、息苦しいこの時代、社会の網の目がますます縮まって、感性が圧迫され飼い馴らされていくこの時代において、人間らしく生きるための《酸素》を必要としている人が、少なくとも世の片隅に数多くいるという確信――そうした心ある人々にとって、本書が、少しでも《酸素》を見出す道筋の指標となることができれば、編者としての本望というべきであろう。

なぜなら、アニー・ル・ブランの感動的な言葉を借りれば、私たちの内面には、詩的必然性が欲望や夢と同じように存在することは否定できないからであり、いかに世界が荒廃し、私たちが絶望に苛《さいな》まれようとも、すべてが失われたわけではないからである。一つのまなざし、一つの出会い、一つの動作……が、たとえ一瞬だけだとしても、それでもなお、世界が時には私たちの欲望に見合ったものであることを信じつつ――。

編者識

アンドレ・ブルトン没後50年記念イベント

Conférence

《アニー・ル・ブラン来日講演》

主催: Galerie LIBRAIRIE6 ／ ÉDITIONS IRÈNE

第Ⅰ部 **2016年9月18日［日］17時〜**［通訳／塚原史］
会場／Galerie LIBRAIRIE6
「かつてあったこと、それはこれからも起こるだろう」
——シュルレアリスムと抒情による蜂起

第Ⅱ部 **2016年9月21日［水］19時〜**［通訳／星埜守之］
会場／アンスティチュ・フランセ東京
「若き見者よ、次に語るのは貴方だ」
——アンドレ・ブルトン、近くから、遠くから

※入場料＝各会場2,000円／完全予約制

Exhibition

《アンドレ・ブルトン没後50年記念展》Galerie LIBRAIRIE6

2016年9月3日［土］〜10月23日［日］

❖ 展覧会関連トークイベント

Ⅰ **2016年9月10日［土］17時〜**
松本完治「アンドレ・ブルトンの遺志とは——アニー・ル・ブランへの流れ」

Ⅱ **2016年10月1日［土］17時〜**
塚原 史「ツァラと黒人芸術——ダダ百年の深層」

Ⅲ **2016年10月15日［土］17時〜**
巖谷國士「アンドレ・ブルトンとは誰か」

※参加費＝各回1,500円／予約制

※2016年9月18日［日］は、アニー・ル・ブラン講演を開催（上欄掲載）

Publication

《アンドレ・ブルトン没後50年記念出版》全4冊 エディション・イレーヌ刊

❖ 2016年4月刊行

Ⅰ 太陽王アンドレ・ブルトン
アンリ・カルティエ＝ブレッソン、アンドレ・ブルトン著／松本完治 訳

❖ 2016年9月3日より、LIBRAIRIE6にて先行販売

Ⅱ あの日々のすべてを想い起こせ——アンドレ・ブルトン最後の夏
ラドヴァン・イヴシック著／松本完治 訳

Ⅲ 換気口 Appel d'Air
アニー・ル・ブラン著／前之園望 訳

Ⅳ 等角投像
アンドレ・ブルトン著／松本完治 編／鈴木和彦・松本完治 訳

Présentation d'Annie Le Brun & Radovan Ivsic

アニー・ル・ブラン&ラドヴァン・イヴシック紹介

アニー・ル・ブラン（一九四二年―）

Annie Le Brun（1942―）

フランスはブルターニュのレンヌ出身の詩人、思想家。十七歳の時に『ナジャ』、『狂気の愛』、『黒いユーモア選集』に強い影響を受け、一九六三年、二十歳の時にアンドレ・ブルトンに出会う。六四年、シュルレアリスムの機関誌「ブレッシュ」第七号に詩を発表してデビュー、六六年、ブルトンの指名により、シュルレアリスムのシンポジウムで〈黒いユーモア〉について語り、その内容をブルトンから絶讃される。六七年、ラドヴァン・イヴシックの導きで、トワイヤン挿絵、処女詩集『即座に』*Sur le champ* を発表、以後六九年の運動消滅までシュルレアリスム運動に参加。

七二年から七七年まで、シュルレアリスム運動の主流派に反目し、トワイヤンやラドヴァン・イヴシックらと「エディション・マントナン」éditions Maintenant を設立、『蒼ざめ狂気じみた都市の午後』*Les Pâles et fiévreux après-midi des villes*（七二年）、『嵐のリス』*Les Écureuils de l'orage*（七四年）、『月の環』*Annulaire de lune*（七七年）など、多数の詩篇を発表、イデオロギーに支配されぬ〈生きた〉シュルレアリスムの詩精神を継承し続ける。

以後も多数の著作を発表、フェミニズムへの仮借ない批判を加えた『すべてを捨てよ』*Lâchez tout*（七七年）、ゴシック・ロマンに取材した『転覆の城』*Les Châteaux de la subversion*（八二年）、特にサドに関しては、他のサド研究者の毒抜き作業を批判した『突然、ひと塊の断絶が、サド』*Soudain un bloc d'abîme, Sade*（八六年）、『サド、隅から隅まで』*Sade, aller et détours*(八九年)の他、ジャン＝ジャック・ポーヴェール版サド全集の序文を執筆するなど、フランス本国のサド研究の第一人者として知られる。

この他にも、ポエジーの復権を謳う現代批判の書『換気口』*Appel d'air*（八八年）、ジャリ「超男性」の序文（九〇年）、ポンピドゥー・センターで開催された大規模なアンドレ・ブルトン展に対する批判『何が生きているのか、シュルレアリスムの非現代性に関する今日的考察』*Qui vive. Considérations actuelles sur l'inactualité du surréalisme*（九一年）、『シュルレアリスムと詩的転覆』*Surréalisme et subversion poétique*（九一年）、カタストロフによる人間の想像力の深刻な変質を論じた『堕落した眺望』*Perspective dépravée*（九一年）、『暗殺者たちとその鏡――ユーゴスラビアの虐殺に関する考察』*Les Assassins et leurs miroirs*（九三年）、『レーモン・ルーセル、言語深層下における二万もの場所』*Vingt mille lieues sous les mots, Raymond Roussel*（九四年）、『エメ・セゼールへ』*Pour Aimé Césaire*（九四年）、『文学の空虚さについて』*De l'inanité de la littérature*（九四年）、ポエジーや想像力を封殺するネットワーク社会の牢獄化を指弾し、英訳版も出るほど反響を呼んだ『過剰なる現実』*Du trop de réalité*（二〇〇〇年）、エッセイ集『狂いたつこと』*De l'éperdu*（二〇〇〇年）、同じくエッセイ集『別の場所で別様に』*Ailleurs et autrement*（二〇一一年）、ユゴーの神秘主義を扱った『暗黒の虹』*Les Arc-en-ciel du noir: Victor Hugo*（二〇一二年）、『奇怪な天使、黒いロマンティシズム――ゴヤからエルンストまで』*L'Ange du bizarre. Le Romantisme noir: de Goya à Max Ernst*（二〇一三年）、そして二〇一四年には、オルセー美術館での大規模な『サド、太陽を撃つ』展 *Sade. attaquer le soleil* を主宰・監修、二〇一五年には、ザグレブ近代美術館で『ラドヴァン・イヴシック――屈せざる森』展 *Radovan Ivsic et la forêt insoumise* を主宰し、体制への絶対的不服従を貫いたイヴシックを顕揚する。

多岐にわたる彼女の著作に共通するベクトルは、夢や想像力を扼殺する事象や体制の仮面を剥ぎ取ることにより、原初の地平を見つめ直すポエジーの顕現に賭けた世界観にある。それはシュルレアリスムの本質を穿つものであると同時に、その透徹した視線と思考で、荒廃せる現代世界に立ち向かう新たな地平を垣間見させるものであり、現在も世界各地の熱心な読者に大きな影響を与え続けている。

ラドヴァン・イヴシック（一九二一—二〇〇九年）

Radovan Ivsic（1921—2009）

クロアチア（旧ユーゴスラビア）はザグレブ出身の詩人、劇作家、翻訳家。十代の頃から、シュルレアリスムやフランス文学に影響を受け、ザグレブ大学在学中の一九四一年、二十歳の時に処女戯曲『息』*Daha* を発表するも、ナチスの傀儡政権ウスタシャにマークされ、四二年に発表した詩『ナルシス』*Narcis* が発禁・押収、さらに翌四三年、自由と無垢の愛を渇望し体制主義者を痛烈に皮肉った戯曲『ゴルドガーヌ王』*Le Roi Gordogane* も発禁（のちにブルトンに高く評価され、六八年仏語版刊行、ユーゴスラビアでの発禁解除は七八年）となる。

　第二次大戦後はチトー共産主義の独裁政権下で著述活動を抑圧され、すべての詩人や作家が共産主義イデオロギーに転向する中、一人孤立を貫き、詩集『タンケ（短歌）』*Tanke*（五四年）を地下出版した他、『マルドロールの歌』などフランス文学の翻訳に勤しむ。ナチズムからチトー体制へと、五四年にパリへ脱出するまでの実に十五年間、すなわち十八歳から三十三歳までの多感な青春期を、自由を剥奪された圧政下で生きざるを得なかった。

　一九五四年十一月、数々の偶然が重なり合い、パリに脱出、ブルトンやペレ、トワイヤンと出会い、以後、シュルレアリスムのすべての活動に参加。この間、詩篇『エーリア』*Airia*（六〇年）、ミロの挿画で詩集『マヴェナ』*Mavena*（六〇年）を発表、特にトワイヤンのデッサンに霊感を得た愛の詩集『塔のなかの井戸』*Le Puits dans la tour*（六七年）は、死を前にしたブルトンの絶讃するところとなる。六六年夏、死期を悟って南仏のサン＝シル＝ラポピーに籠ったブルトンと共に過ごし、その死を看取ることになる。そのいきさつについては、遺稿『あの日々のすべてを想い起こせ』*Rappelez-vous cela, rappelez-vous bien tout*（二〇一五年）に詳しい。

　一九七二年四月、ブルトンの生前から出会っていたアニー・ル・ブランと結婚、彼女やトワイヤンらと「エディション・マントナン」éditions Maintenant を設立し、『アルプス横断』*La Traversée des Alpes*（ル・ブランと共詩・七二年）、詩篇『内部あるいは周囲』*Autour ou dedans*(七四年)

を発表。他に主な著作として、トワイヤンに関する優れた評論『銃撃の大いなる闇』*Les grandes ténèbres du Tir*（七三年）、『トワイヤン』*Toyen*（七四年）、評論『風さえない時、蜘蛛たちは…』*Quand il n'y a pas de vent, les araignées…*（九〇年）、インドリヒ・シュティルスキーの写真に詩を添えた『視線の復活』*Reprises de vue*（九九年）などがある。

ラドヴァン・イヴシック（左）とアニー・ル・ブラン（右）

一方で祖国のクロアチアでも、イヴシックの名は徐々に名誉回復し、クロアチア語の詩集『黒』*Crno*（七四年）をはじめとした作品や、多数のフランス文学作品の翻訳が刊行された他、代表作『ゴルドガーヌ王』の評価が高まり、九〇年代頃から、ヨーロッパ各地で上演されるようになる。

最晩年、ガリマール書店から、旧作や未発表原稿を編集した四冊、すなわち『詩篇集』*Poèmes*（二〇〇四年）、『戯曲集』*Théâtre*（二〇〇五年）、エッセイ集『カスケード』*Cascades*（二〇〇六年）、死後出版であるが評論集『はち切れんばかりに』*À tout rompre*（二〇一一年）が相次いで刊行され、この四冊がほぼ全集に近いものとなる。二〇〇九年十二月、パリで心臓発作により八十八歳で逝去、三十七年間に及ぶアニー・ル・ブランと共にした道程に終止符を打った。

生涯にわたり、ブルトン同様、権力や体制側から下賜される一切の栄典、賞を拒否した彼にとって、詩とは一切妥協しない人生を決意することにあった。彼は書いている、「詩人はただひとつのことだけを必要とする。それは詩人たることをやめないことだ。たとえ数千の詩句を並べても、虚偽の言葉、駄弁、死んだ言葉を書くことに同意した途端、詩人ではなくなるのだ」と。そしてこうも書いている。「ただひとつの言葉だけが決して私を裏切りはしなかった。その言葉とは否《NON》だ」と。

Sommaire

目次

本稿は、会場で使用された講演原稿をもとに、アニー・ル・ブランが一部加除修正したものです。

本稿の仏語版は別途、冊子にて販売。詳細は、エディション・イレーヌＨＰにて

凡例
（★）原註
（＊）訳註
〔　〕内は訳者による補足・注記

I

アニー・ル・ブラン来日講演記録

Conférences d'Annie Le Brun au Japon

01 かつてあったこと、それはこれからも起こるだろう

——シュルレアリスムと抒情による蜂起

IL ÉTAIT UNE FOIS, IL Y AURA UNE FOIS ——Surréalisme et insurrection lyrique

訳＝塚原 史

2016.09.18 17:00 於 Galerie LIBRAIRIE6［東京・恵比寿］

いったいなぜ、おとぎ話は子どもたちをあれほど楽しませ、私たちは大人になってからもおとぎ話の魅惑的なイメージを維持し続けるのでしょうか？ それはおそらく、おとぎ話が不安や恐怖をもたらすものに形を与えることで、私たち一人一人が自分では捕えがたく思えるものに立ち向かう手段、そんな不安や恐怖にもはや少しでも縛られることがないよう、それらを封じ込める手段を示してくれるからです。こうして、おとぎ話は私たちに驚異の世界の扉を開くのです。

でも、それなら、原則として想像力を働かせる同じ武器を利用する創作物語（ロマン）や劇映画は、なぜおとぎ話のような力を持たないのでしょうか。

私は思うのですが、おとぎ話の秘訣は「昔あるところに」［Il était une fois］で始まることにあります。なぜなら、いつもこの一行で始めることで、おとぎ話は人びとやものごと

の特異性を、宇宙の侵すことのできない前提として確認しているのです。それと同時に、おとぎ話は、私たち、あなたがたや私に、そして他の誰にでも、すべてのことを自分自身のためだけに再び始めることが可能なのだと、告げているのです。「かつて（あるところに）起こったこと」と「今後（あるところに）起こるだろうこと」との間に、誰もが自分だけの特異な生き方の狂おしいパースペクティヴ〔見通し＝透視図〕をちらりと垣間見ることができるかのように。私たちが気づく前に、一人一人の心の中に、詩＝ポエジーの果てしないパースペクティヴが描かれるかのように。この**特異な無限**〔infini singulier〕へと私たちを導かないような詩は偉大な詩ではないことを、私たちは忘れてはなりません。

　たしかに、まったく別の視点に立っているとしても、松本さんが日本語で出版したばかりの二冊の本[*1]が述べているのは、まさにこのことです。『あの日々のすべてを想い起こせ』（二〇一五年）では、アンドレ・ブルトンの〔一九六六年の〕最後の夏についてのラドヴァン・イ

アニー・ル・ブランと塚原 史氏、
東京・恵比寿のギャラリー LIBRAIRIE6 にて

ヴシックの考察[*2]が語られ、私が一九八八年に書いた『換気口』では、私たちの脱工業化社会があの〔特異な無限への〕可能性、誰もが秘めているあの可能性から私たちを執拗に方向転換させようとしていると思われることを批判したのでした。

というのも、私が詩＝ポエジーの定義を与えることを固く差し控えているとしても——そんな定義は思い上がりで、滑稽なものになるでしょう——、詩とは、私の考えでは、つねに未来に待ち受けているあの空間の探求と一体のものであるでしょう。それは、誰もが内面に秘めている無限の欲望と、人生が一人一人に可能にするごくわずかなことがらを前にした、最も人間的な反逆から生まれる探求なのです。この意味で、抒情とは、アンドレ・ブルトンとポール・エリュアールがかつて断言したように、「異を唱えること〔プロテスタシオン〕の発展過程[*3]」となるでしょう。それに加えて私が強調したいのは、このような反逆は、誰もが思春期に内面の奥深くで体験したものであり、その人がいつか存在そのものを想定外のまなざしで見つめたことがありさえすれば、そのまなざしはその後も彼のものであり続けるのです。

私は、人間であることの不幸という意識なしには詩は存在しないと確信しています——誰もが虚無と無限の間で、自分の人生を賭けているのですから。詩は、この不幸を封じ込める唯一の方法だと言えるでしょう。一つのまなざし、一つの出会い、一つの動作……が、たとえ一瞬だけだとしても、それでもなお、世界が時には私たちの欲望に見合ったものであり、あらゆる予想に反して、ロートレアモンが語っている「無限への癒されない渇き」[*4]に応じることができるのだという確信を通じて。

詩のこうした概念は、すべての偉大な抒情的冒険の起源に位置していますが、詩をそのようなもの、つまり、世界との新しい関係の表現として最初に主張したのはランボーでした。すべてを変えるこのような〔冒険の〕結果として、つまり今後は、彼が「詩はもはや行動にリズムを付けるものではなくなるでしょう。詩は先頭に立って進むものとなるのです」[*5]〔宇佐美斉訳〕と一八七一年に宣言したとおり、ランボーはまったく別の生き方を呼びかけるポエジーの新たな実践を通じて、文学全体を問い直そうとしたのです。

その成果は、二十世紀初めにシュルレアリスムによって引き継がれて展開されることになり、芸術的であろうとなかろうと、あらゆる可能な手段を用いて、ポエジーが認識の最も高度の段階であることを確認することが提案されます。それはまた、感受性による評価を唯一の知的道徳的基準とすることでもあります。

〔おとぎ話に戻れば〕もっと単純に、こんなふうに考えてもよいでしょう。主観性の奥深い内面に立ち戻ることで、おとぎ話は、ポエジーの感受性と同じ音域の眩しいほどの正確さでポエジーに同調するのです。だからこそ、おとぎ話は私たちを魅了し続けます。だからこそ、シュルレアリスムがその航跡に出現させた詩やオブジェや絵画を、芸術作品である以上に、取り戻すべきもろもろの記号と見做す必要があるのです。

このような記号の手掛かりを探し求めて、私は二十歳の時〔一九六二年〕にシュルレアリスムの文章やイメージやオブジェを読んだり、見たりしました。というのも、『シュルレアリスム宣言』〔一九二四年〕以後四十年が過ぎて風景が変わっていたとしても、あまりにも性急に先に進んでしまうと、過去の砂漠が見えなくなってしまうからです。では、いったいどんな砂漠かといえば、〔第一宣言以来〕スターリニズムとグラーグ（政治犯収容所）があり、第二次大戦とナチズムと強制収容所があり、その後自由世界〔アメリカ〕の極め付きの贈り物としての原爆投下があったのです。

この砂漠には、ますます迷走する歩みを続けた実存主義という思想のミゼラビリスム（悲惨主義）の痕跡を見つけることができましたが、当時遠くから見ると、いくつかのシルエットが際立って注意を惹きました。それらの中にはアンドレ・ブルトンのシルエットがあり、彼の人生は、二十世紀の多くの知識人とは逆に、彼が書いた文章を裏切るようなことはありませんでした。*6 バンジャマン・ペレやトワイヤンのような彼の友人の場合も同様でした。

トワイヤンは、その後私の文章に挿画を描いてくれました。

その頃、一九六〇年代には、私は〔当時流行の〕構造主義的傾向の理論家や作家にはほとんど関心を持てませんでした。彼らは、〔シュルレアリスムとは〕逆に、文学の自立性を肯定し、人生ではなくてテクストとテクスト性に依存していたのです。


シュルレアリスムの冒険が繰り広げた展開の中で、とくに私が心惹かれたのはその国際主義でした。つまり、シュルレアリスムが導いた多くの風景——夢から錬金術へ、偶然から自動記述へ、動物の擬態からエロティシズムへ、文学から石ころへ——の多様性と同じようにさまざまな、シュルレアリスムに参加した多くの人たちの多様性でした。

さらに、空間中の多様なパースペクティヴのこうしたきらめく連続の重要性に加えて、時間の経過の中での関心の多様性が、シュルレアリスムを特徴づけることになります。シュルレアリスムに参加した人たちの中には彼らの特異性に賭けてみることで、シュルレアリスムの活動のうちにおとぎ話への忘れられた道を再発見して、自分たちの主体性のさまざまな表現を見つけるにいたった者が存在していたとさえ言えるでしょう。

こうして、その頃から私はシュルレアリスムの方に向かうことになり、また、シュルレアリスムを引き合いに出すほとんどすべての人々から長年に渡って遠ざかることになりました。なぜなら、この種の人たちは美的見地からシュルレアリスムに関心を寄せたとはいえ、ランボーの閃光のような言葉を借りれば「人生を変える［changer la vie］」企て［『地獄の一季節』］というシュルレアリスムの本質を忘れていたからです。

こんなわけで、三十年近く前になりますが、私はあの『換気口』という著書で、私が世界のただなかで実感した生理的息苦しさの印象について述べずにはいられなくなりました。それは、感性のあらゆる反逆が、凡庸な文化的催しに還元されてしまうような世界です。

もちろん、ポエジーが、私が述べたような根本的な反逆に結びついているとしても、いつの時代にも、ポエジーは世界の同じ重圧と対決しなくてはならなかったと反論することができるでしょう。あるいはまた、現在のヨーロッパのように、ポエジーが詩集の中にも、詩を標榜する多くの表現行為にも、明らかに存在しないような、ポエジーの現実からの不在を特徴とする時代が過去にもあったと反論することもできるでしょう。たとえば、十八世紀［フランス］には、ポエジーは悲歌（エレジー）や牧歌（パストラル）や田園恋愛詩（イディル）、つまり当時のお決まりの詩の形式の中には存在せず、ルソーやサド、ロマン・ノワールやゴチック物語、さらにはフランス革命期の極度の緊張状態の中に、たしかに存在していました。

疑いもなく、私たちは、ポエジーがそこから出現するはずの場所がすっかり荒れ果ててしまった時代に生きています。最も深刻なのは、今日ではポエジーが出現するかもしれない事態が起こることを、すべてが妨げているという事実であり、ポエジーの出現可能性は、まったく不確実になっているのです。外見上はどうであれ、希望を求める私たちの最も狂った理性と絶望を求める最も狂った理性が、いつの時代にもポエジーという形を取る限りにおいて、私たちの人生がポエジーに依存している以上、そのことに不安を感じないわけにはいきません。

それは、ポエジーがこれまでに何らかの実際的な解決法をもたらしてきたということではありません。ポエジーの力は別のものです。それは、おとぎ話の信じられない光のように、存在するものの中核に、存在しないものの無限のパースペクティヴを開く力なのです。「私というものは一個の他者なのです［Je est un autre.］」とランボーは言いましたが[*7]、それこそは、この〔存在するものと存在しないものの間の〕隙間を開くことであり、存在することがらの間に、ポエジーが想像上の解決〔ジャリの用語でもある〕として押し開く隔たりを創り出すことであって、そこでは、ポエジーだけが現実の全体性を把握すると同時に、現実を変えることができるのです。

けれども、いったいなぜ、今ではそれが不可能になったのか？　と、あなた方は私に問うことでしょう。なぜ、詩の制作がその他の芸術活動同様、本質的に装飾的な価値がますます強調される美的機能だけしか持たなくなったのでしょうか？

この問題については、ポストモダニズムと呼ばれる事例がとくに重要な意味を持っています。ポストモダニズムの企ては、もはや現実を〔新たに〕様式化することではなくて、過去に存在した多様な様式（スタイル）を再利用して、あらゆる領域に及ぶ明らかな一貫性の欠如を美的価値として提案することにあります。美学が、これほど大規模なカムフラージュ（偽装）を正当化する理由を見出したことはこれまで一度もありません。欺瞞が年ごとに肥大化する言説を推し進める多種多様な文化政策に目を向ければ、よくわかるでしょう。ところが、私がとくに気になるのは、あらゆるジャンルでカタストロフ（破滅的な出来事）が進行していることです。それらのカタストロフは、商品と文化をますます混同する美学によって化粧を施された分離と無関心という〔体制側の〕指令に、それぞれのやり方で事実上逆らうことになるのです。このような状況はひどく極端になっているので、どのようなカタストロフでも、世界のすべてが悲劇的で絶望的なやり方でしか維持されないという現状を私たちに見せつけずにはいられません。

チェルノブイリ原発事故ほどの激甚さが、ソヴィエト体制を直接引き継いだ、個人を徹底的に無視するシステムに結びついてはいないなどと、誰が主張できるでしょうか？

福島原発事故のカタストロフが、破廉恥な国際金融資本と一体化したネオ資本主義の無責任さに結びついてはいないなどと、誰が主張できるでしょうか？

生物間の大いなる均衡状態の破壊は、徹底的な森林破壊から気候温暖化へと進んでいますが、それがもはや廃棄物（ゴミ）の文明しか生み出せない資本主義の蛮行に結びついてはいないなどと、誰が主張できるでしょうか？

誰でも、この種の一連の恐るべき実例をつけ加えることができるでしょう。それらは真に議論されたことがないために、ますます不安をもたらすやり方で出現しています。

なぜなら、あらゆる状況において、私たちが体験していることの全容を理解できないほど、思想がますます無力化していること、生命と生活の実情とそれを記録する文章や文書との断絶がますます大きくなっていること、さらに、社会生活自体があらゆる芸術的活動から遠ざかり、芸術には生命と生活のみじめなシミュレーションしか残らなくなっていること、こうしたことが起こっているとすれば、それは、これまで私たちの最も奥深い内面に到達することができた何かに、深刻な変化が生じているからなのです。

こうした状況の責任は、すべてを矮小化し骨抜きにする作用のせいで繰り返し非難されてきた、あの〔ドゥボールが批判した〕「スペクタクルの社会」*8に取らせるべきなのでしょうか？　あるいはまた、その理由を、言葉がますます事物を指示しなくなって、現実否認の道具と化してしまうような、レトリック的〔修辞学的＝記号操作的〕性格を強めている言語の使用状況に求めるべきでしょうか？　そして、もしあらゆる表現手段がますます私たちの手を離れて特徴のない記号になってしまい、その結果、言葉同士が互いに意味を共有しなくなるとすれば、それでも私たちは、意味という血が言語からますます失われる大出血を遅らせることができるのでしょうか？

とはいえ、私は意味の喪失と、それに伴う諸価値の喪失を嘆いているわけではありません。昔の保守派は皆そんな人たちでしたが、彼らの目論見とは反対に、イデオロギーの罠に落ちないかぎり、見出すべき意味など、初めから存在してはいなかったのです。それでもなお、おとぎ話の「昔あるところに」のようなやり方で書きこまれ、新しい感受性のパースペクティヴに合わせて明らかになるような〔特異な〕意味は、誰もが見つけ出さなくてはなりません。

ところが、この種の新しいパースペクティヴこそは、今日少しでも垣間見ることが困難なものであり、そこから、新しいパースペクティヴを自覚するためには、とても長い時間が必要であることが理解できるでしょう。

こうした諸々の疑問は、根底ではすべてが繋がっていて、それらのすべてを考慮に入れることなしに、一つの疑問だけに答えることはできません。というのも、すべての疑問は、現実界と想像界のパースペクティヴを根底から覆す、前例のない一つの出来事に帰着するのですから。

私が言いたいのは、原子力をめぐる状況のことです。原子力は、今後は世界が何時でも壊滅可能となることによって世界と私たちの関係を決定的に変えることで、それと同時に、私たちの感性の地平線を一変させたのでした。そしてこのことは、核による世界の破壊の可能性がまさに現実になるにつれて、私たちの想像力に根拠を与えている〔ありえないはずの現実性としての〕非現実性の存在と、それと同時に、この想像力に形を与えている特異性の存在を否認することで、私たちの想像力に深刻な打撃をもたらしています。

夢の中のように、おとぎ話の中のように、特異性と非現実性は分かち難く結びついています。一方を脅かすものは、他方も脅かすのです。

実際、私たちが毎日経験しているように、私たちの〔目の前の現実を乗り越える〕力は、少しずつ打ち砕かれています。酸性雨がヨーロッパの森を枯らすのと同じやり方で、イメージの管理不能なほどの大量生産が、想像力の森を攻撃しているのです。商業的宣伝の中のイメージがユートピアの空間を無数の断片に分解し、驚異に対する私たちの感覚を興味本位の無関心の中で消耗させるにつれて、全面的な無関心化の過程にブレーキが効かなくなり、散発的で限定的な反抗だけが増え続ける過程に拍車がかかって、私たちは〔現代消費社会という〕この新たな牢獄から出られなくなっています。

原子力の現実ばかりでなく、これまで以上に切迫している多くの絶滅のための方法の起源である強制収容所の現実とともに世界の壊滅という考えが事実の領域に移行した時点から、人間も思想も、放射能を発散する原子炉と原子雲の中で消滅しかねなくなった時点から、個人の特異性という思想は時代遅れのものになっています。そんな状況の中で新しさを探せば、個人的、集団的生活の節目にあたって社会が抒情的な援助を個人に提供した過去の文明とは逆に——誕生、死、結婚、季節の変化、農作物の収穫などを、あらゆる民衆的伝統は抒情的に反映していました——、今日の社会は、誰にも少しは残っている熱情を、似たり寄ったりの無数のスペクタクルのほうに方向転換させて、個性的な個人生活を否認することによってしか、形を取ることができないのです。

このような状況から、ある種の批判的活動の緊急性と必要性が生じます。逆説的に言えば、スタイルの一形式に過ぎないものに還元されようとしている抒情を〔新たなやり方で〕引き継ぐことができるかもしれない活動のことです。抒情はいつの時代にも死を封じ込める稀な方法の一つとして重要視されてきました。それは抒情が具体的な身体、死すべきゆえにかけがえのない身体に刻まれた、最も生き生きとした時間意識だったからなのですが、すべてが壊滅する危機を迎えている時点で、いったいどんな抒情が可能なのでしょうか?

現代アートは、雪崩のような大量生産によってますます私たちの地平線を埋め尽くしており、私たちがこの問いに答えるのを妨げることが目的であるように思えるほどです。こうした状況においてこそ、批判的活動は抒情的活動と合流することができますが、それは、芸術活動を切り離し、分断し、分裂させるものと対決するためばかりでなく、それ以上に、存在や事物や思想から不純物を取り除くためでもあります。つまり、場合によっては、私たちを逃げ場のない囚人と化している原子力による壊滅の状況を美的にカムフラージュする目的で、それらの不純物を利用可能にするさまざまな形態を取り除くためなのです。この種の新たなカムフラージュは、すでに膨大な規模に達しており、過去のあらゆるイデオロギー的、道徳的、感情的カムフラージュを拠り所として利用していますが、それらのカムフラージュを、人びとは虚無との対決を避けるために、伝統的に頼りにしてきたのではなかったでしょうか?

したがって、今こそもろもろの価値を最も無秩序で野蛮なやり方で見なおす試みに依拠する必要があります。もうおわかりでしょうが、過去の最も絶望的な声だけが現在記憶に留められるべきだと、私には思われるのです。私はとりわけ、サド、ランボー、ロートレアモン、ジャリ、ヴァシェ、クラヴァンのことを考えています。彼らには、どんなヒューマニスト的な愛想のいい言葉も、どんな美的軟弱さもなく、最小限の文化的剰余価値、最小限の肯定的価値さえも、自分たちの企てから引き出すことなどあり得なかったのです。そこまで徹底すれば、彼らの思想はもはや何も恐れはしません。なぜなら、彼らはあらかじめ、自分たちの生命や生活を危険にさらしてまで、そのことを確かめたのでした。つまり、自分たちの生命や生活を犠牲にしてまで、肉体を持たない思想は存在せず、思想を持たない肉体も存在しないことを見出したのでした。

それが、サドに関する私の研究が私を導いた確信なのです。[*9] こうして唯一のポエジーとは、思想と人間と事物の世界を結びつける強烈な一貫性を出現させることのできるポエジーなのだということを、私は理解できるようになりました。幻視にいたるまでの徹底した明晰さという、この啓示がなければ、ポエジーは存在しません。あるとすれば、せいぜい、レトリック（修辞の技法）、テクストのレトリック、写実のレトリックくらいのものですが、実はシュルレアリスムのレトリックも存在しています。それらは結局のところ、孤独が、人びとが今日の社会ですべての他者と共有できる唯一の感情だとうそぶくことで、私たちを欺く同工異曲のやり方なのです。

逆説的に言えば、こうした事態こそは私たちの不幸が私たちにもたらす好運であり、誰もが初めて、しかし実はいつでも、死の具体的な明白さに、たった一人で立ち向かわなくてはならない状況に置かれることになります。すべての事態は、私たちの人生の一瞬ごとに、いつでも虚無の脅迫から、仮想的ではなくて現実的な意味で、生命の瞬間を取り戻す必要があるかのように進行するのです。この好運がどんなものかはっきりさせるために、私はあえてまったく個人的な次元の取り戻し［reprise］の実例のことを明言したいと思います。二十世紀初めのフランスのアナーキストたちは、誰もが、法律や制度を通じて社会が自分たちから奪ったものを、個人による盗みによって取り戻すべきだと考えていました。*10 彼らと同じように、誰もが、社会の断片的なスペクタクル化を通じてバラバラに分断されることで世界によって奪われた感性を、この世界から取り戻すべきだと私は考えています。個人によるこの取り戻しは、個人主義とその限定された解決を越えて、すべての人を巻き込み、私たちを世界と再び結びつける情熱的な一貫性を見出すでしょうが、その時、私たちは決定的に、世界とは異質な存在になっているのです。

皆さんの前に暗い絵を描き出したとはいえ、現状を改良したり美化したりすることに同意せずに、最悪の事態から出発するという緊急の条件付きで、この取り戻しが可能になると私は信じています。つまり、現状の世界が躍起になって攻撃したり、否定したりしているすべてのことに賭けてみるのです。なぜなら、私たちの〔特異な〕感性は、ますます虐待されているとはいえ、存在しなくなったわけではありません。この感性が、ずっと以前から、私たちに押しつけられようとしている多くのシミュラークル〔実体のない模造物〕[*11]にすり替えられているとしても、あらゆる点から見て、私たちの内面に、詩的必然性が欲望や夢と同じように存在することは否定できないのです。

だからこそ、私たちの絶望にもかかわらず、すべてが失われたわけではないと言うことができます。この点で、最も強い光を投げかけてくれるのは、ラドヴァン・イヴシックが示した実例です。彼はユーゴスラヴィアの全体主義の鉛の時代のさなかに、体制へのあらゆる形態の協力を本能的に拒否して、絶望から立ち直ったのでした。それは、イヴシックの死後出版となった著作『あの日々のすべてを想い起せ』〔二〇一五年〕が、私から見て非常に厳密で衝撃的なやり方で証言していることであり、そこでイヴシックは、アンドレ・ブルトンの人生の最後の一か月〔一九六六年九月〕と、同時に、共産主義のユーゴスラヴィアであえて選んだ孤立からブルトンに最接近した時期までのさまざまな事実の、信じられないような連鎖を想起しています。

「いったいどんな羅針盤が道筋を決定しているのか?」〔松本完治 訳〕と、ラドヴァン・イヴシックはこの著書の冒頭で問いかけます。彼がたどった道ほど、あり得ない道筋はなかったでしょう。彼はまず、チトーのイデオロギーへの奉仕を拒否して、中央ヨーロッパの森の奥に引きこもり、その後、偶然が重なって、一九五〇年代のパリで近代性(モデルニテ)の源泉そのものへと導かれるのです。自分を裏切らないために、彼が当時の現実からどれほどの距離を取らなくてはならなかったかについて、自分自身で語れるようになるのは、ずっと後のことでしたが、この回り道が最も重要なことがらのほうに彼を直接導くようになるとは、当時は彼自身も想像さえしていませんでした。

時代の風景のいちばん暗い時点を待たなくてはならなかったかのように、イヴシックは、暗黒の地点に通り道を見出し、彼のたどった明確な一貫性を持つ道筋を通じて、おとぎ話の秘訣の一つを再発見したのでした。というのも、驚異の特性は、ポエジーの特性と同じで、人びとが最も予期していない場所と時刻に突然現れるものなのです。それはまた、まったく予想外の形を取って現れて、ゲームを変貌させ、私たちの内部にも外部にも存在するカオス(混沌)に、突如意味を与えることになります。

イヴシック自身の物語〔『あの日々のすべて…』〕は、そこに秘められた力によって、偶然が光景を描き変えるばかりではなくて、思いがけない見通しを切り拓くためには、標識のついた道を進むだけでは十分ではないことを私たちに教えてくれます。こうして、最後の数ページで、ラドヴァン・イヴシックは、偶然のうちに、モーリス・メーテルランクの言葉を借りれば「私たちを自我の枠外」〔自分の存在証明の外側〕に導く「終わることなき想念」を、ためらうことなく認識したのでした。この「枠外」とは、「かつてあったこと〔昔あるところに…〕」が、これを最後として形を取る前に現われる起源の場所であり、そこで、私たちの特異性はヴェールを脱ぐのです。

だからこそ、私は愛に満ちた出会いが、ありえないことの場所を示すあの製作中の地図の上に、ごく自然に書き込まれていることを、最後に思い出さないわけにはいかないでしょう。この地図は、意味が生まれ出る状況を示して、私たちにおとぎ話の裏側を明らかにしてくれるのです。こうして、ラドヴァン・イヴシックは、彼の短詩集『タンケ（短歌）』で「私からすべてを奪い取れ。だが夢だけは、お前に渡さない」と断言することで、あらゆる妥協からの決定的な隔たりを、自ら進んで根拠づけようとしたのではなかったでしょうか。そうでなければ、私は彼に愛される幸運に恵まれはしなかったでしょう。当時〔一九四〇

—五四〕恋愛をブルジョワ的偏見だと決めつけていた全体主義世界の重圧に抵抗して書かれたこの詩は、軽やかな詩形を取りながらも、来るべき愛を通じて、全体主義と対立する闘いを予告していたかのようです。

すでに二世紀も前に、ノヴァーリス〔一七七二—一八〇一〕は「人間は、種々さまざまな道を歩む。そうした道の跡をたどり、互いにつきあわせてみるなら、不思議な象《かたち》が現れてくるのに気づくだろう」[*12]と述べていました。

この言葉に注目すること、それは「昔あるところに（かつて起こったこと）」で始まるおとぎ話の世界が、あらゆる事態にもかかわらず、もう一度存在するために、私たちに残された数少ない武器の一つなのです。

アニー・ル・ブラン

訳註

＊1　アニー・ル・ブラン『換気口』（前之園望訳）、ラドヴァン・イヴシック『あの日々のすべてを想い起こせ――アンドレ・ブルトン最後の夏』（松本完治訳）、エディション・イレーヌ、二〇一六年。

＊2　Radovan Ivsic（一九二一―二〇〇九）はアニー・ル・ブランの夫。クロアチア（旧ユーゴ）、ザグレブ出身の詩人・劇作家・批評家で、シュルレアリストとして最晩年のブルトンと行動を共にした。詳細はイヴシック『あの日々のすべてを想い起こせ』（前掲書）、『ダダ・シュルレアリスム新訳詩集』（塚原史・後藤美和子編訳、思潮社）参照。

＊3　«Le lyrisme est le développement d'une protestation.»ブルトン、エリュアール「詩についてのノート」（「シュルレアリスム革命」十二号、一九二九年）。

＊4　«soif insatiable de l'infini » ロートレアモン『マルドロールの歌』第一歌。

＊5　«la poésie ne rythmera plus l'action, elle sera en avant.» ランボーのポール・デメニー宛「見者の手紙」一八七一年五月十五日付、宇佐美斉訳（ちくま文庫）参照。

＊6　ブルトンは第二次大戦中ニューヨークでサルトルと出会っているが、一九四七年五月サルトルが『レ・タン・モデルヌ』誌上に「文学とは何か」を発表してシュルレアリストたちを「ブルジョワ作家」として批判したことに反発、翌六月に五十名近くのシュルレアリストの連名で檄文「開幕を告げる決裂(Rupture inaugurale)」を発表して反論した（ベアール著、塚原史・谷昌親訳『アンドレ・ブルトン伝』思潮社など参照）。

＊7　ランボーのポール・デメニー宛「見者の手紙」一八七一年五月十五日付、宇佐美斉訳参照。

＊8　ギー・ドゥボールは一九六七年に『スペクタクルの社会』の冒頭で、マルクス『資本論』第一巻冒頭を模してこう書いていた――「生産の近代的諸条件が支配する諸社会のすべての生活は、スペクタクル（spéctacles）の膨大な集積として出現する。それ以前に直接体験されていたすべてのことがらは、代理表象作用（représentation）の中に遠ざかってしまう」（塚原史訳）。

＊9　アニー・ル・ブランは著名なサド研究者で、ポーヴェール書店版『サド全集』（全十五巻）の編者であり、二〇一四年にはパリのオルセー美術館でサド展「サド、太陽の攻撃者（Sade. Attaquer le soleil）」を実現した。

＊10　二十世紀初頭のフランスでは、アナーキスト活動家ジュール・ボノを主犯とする強盗団（Bande à Bonnot）による自動車と拳銃を用いた銀行襲撃事件がよく知られている。アナーキズムの大思想家プルードンの言葉「財産は盗みである」（『財産とは何か』一八四〇年）参照。

＊11　ボードリヤールは『象徴交換と死』（一九七六年）、『シミュラークルとシミュレーション』（一九八一年）でシミュラークルの概念を「オリジナル不在のコピー」と規定した。

＊12　ノヴァーリス『サイスの弟子たち』（第一章「弟子」）一七九八年。ル・ブランの引用はメーテルランク訳による。上記邦訳は今泉文子訳・岩波文庫版から引用。サイスはナイル河河口付近の古代エジプトの都市で、ヘロドトスによれば女神イシスの神殿があった。引用の続きは以下の通り――「こうした象（かたち）は、鳥の翼や、卵の殻、雲や、雪、結晶や、石のさまざまな形、凍る水面、山や植物や動物や、人間の、その内部や外部、天空の星辰、触れたりこすったりした瀝青板とガラス板、磁石のまわりに集まるやすり屑、あるいは奇妙な偶然のめぐり合わせなど、いたるところに認められるあの大いなる暗号文字（書き物）の一部であるように見える」（今泉訳の表記を一部改変）。

質疑応答 Questions-Réponses

訳＝前之園 望

質問者A[*1]——今日はお目にかかれて、私にとって本当に劇的な日になりました。私も日本で、世界で一番短い詩である「俳句」を少年時代からずっとやっていまして、今日のお話をうかがって、言葉というものを我々がこの時代に向けてどう使っていくかということを考えさせられました。ル・ブランさんは、俳句に新しいポエジーを切り拓く可能性はあるとお考えになりますか？

アニー・ル・ブラン——物事を、そして物事の深い意義を決定するのは、形式ではないと思います。とは言え、俳句の濃密な形式はその強度を保証しています。なぜなら、全体のために部分を際立たせる俳句は、やはりある種の方法でポエジーの本質に触れるものだからです。この点からすれば、それはまさしく、私がお話しした分断のイデオロギーを厄払いする新たな方法となり得るでしょう。

質問者A——言葉にはこれからの時代を切り拓くだけの力があるというお話をうかがえて、言葉の可能性を追究する者のひとりとして、今日は本当に嬉しく思いました。

本当にありがとうございました。

アニー・ル・ブラン――あなたのお話をさらに一歩先に進めるなら、俳句を攻撃に用いる方法を考えてみるのも面白いでしょう。いたるところで私たちにのしかかってくる重苦しさを吹き飛ばすことのできる砲弾のような。

塚原 史（通訳者）――イヴシックは短歌を実践していたんですよね？

アニー・ル・ブラン――ええ。私にとって非常に興味深いことは、彼の短歌が何よりもまず恋愛詩であったこと、しかも彼がそれを一九五〇年代初めに書いていたということです。まさに、政権の座についていたユーゴスラヴィア共産党の綱領では、恋愛はブルジョワ的思い込みであるとされていた時代です。それが当時支配的なイデオロギーでした。だからこそ、彼はあえて短歌という短詩形式で恋愛詩を作ることを選んだのです。それは、政治参加型《アンガジェ》文学の重々しさの向こうを張るものでした。また、ソヴィエトのプロパガンダ書籍の特徴は、表紙が極端に分厚いことでした。その表紙を見るだけで圧倒されたものです。イヴシックは反対に、本当に小さな本を作ることになります。『あの日々のすべてを想い起こせ　アンドレ・ブルトン最後の夏』の中で彼は思い出していますが[*2]、あの時代は、禁止されてはいないにしろ、どんな本であろうとも出版することは全く不可能でした。しかし、当時のユーゴスラヴィアのような社会主義国家における習わしに従って、禁止などない、ただ紙が統制されているだけだ、と言われていたのです。その時、千載一遇のことですが、イヴシックはとある印刷所で裁断された紙の残り切れを発見し、それは彼にとって利用可能に思われたのです。そんなわけで、当局の認可はもはや必要なくなり、彼は非常に貴重な一冊の小さな本を作ることに成功します。これもまた、イデオロギーの重苦しさ、時代全体の重苦しさに完全に対立するものでした。まさに『あの日々のすべてを想い起こせ……』の中で、自分をアンドレ・ブルトンに出会わせることになった様々な偶然の連鎖の中で、彼はそのことを語っています。

付け加えたいのですが、この場にいることに私はある意味で感動しています。というのも、ラドヴァン・イヴシックにとって、日本文化の重要性は決定的だったからです。十九歳の時に、フランス語訳に基づいてユーゴスラヴィアで最初に「能」を翻訳したのは彼なのです。それはつまり第二次世界大戦の直前のことです。その後で、彼は短歌を頼りとするのです。今なら分かります。日本文化への関心を通して彼はある繊細さを見出し、その繊細さを、当時定着しつつあった全くもって鉛のように重くセメントのように強固な世界に対抗するための武器にしようとしていたのです。これは、不可思議に関して私がお話しした種類の予測不可能性に関わる問題です。やはり常に、最も見通しの悪い地点、最も予想外の場所にこそ、そこから何かが生じる可能性があるのです。

塚原――そのテーマで、もう一つ別の講演会ができそうですね。

訳註

＊1　馬場駿吉名古屋ボストン美術館館長、俳人。

＊2　ラドヴァン・イヴシック『あの日々のすべてを想い起こせ　アンドレ・ブルトン最後の夏』松本完治訳、エディション・イレーヌ、二〇一六、一一一―一一二頁。

若き見者よ、次に語るのは貴方だ

——アンドレ・ブルトン、近くから、遠くから

“C'EST À VOUS DE PARLER, JEUNE VOYANT DES CHOSES” ——André Breton, de près, de loin

訳＝星埜守之

2016.09.21 19:00　於 アンスティチュ・フランセ東京 エスパス・イマージュ［東京・飯田橋］

アンドレ・ブルトンが一九六六年のある日——すなわち、彼の死の数か月前に——、哲学者フェルディナン・アルキエとモーリス・ドゥ・ガンディヤックの肝いりによってスリジー＝ラ＝サルで行われた、シュルレアリスムをテーマにしたシンポジウム〔七月十日～十八日〕に私を送り込んで、「黒いユーモア」について話をさせようとしなかったなら、私はここにはいなかったでしょう。ほとんどブルトンに接し始めたばかりだったので、私は白羽の矢を立てられたことに大いに驚きました。数週間前に、ブルトンが、長年にわたって共に運動を担ってきた人々のなかの幾人かを、このシンポジウム期間の参加者として指名していただけになおのことです。不安でしたが、私は引き受けることにし、彼に、私が書きえたものをどうか厳しい目で下読みしてほしいと頼みました。彼が毎年夏を過ごしていた南仏のサン＝シール＝ラポピーに出発する前日のこと、ブルトンは電話をかけてきて、

私が彼の名において発言することになるのだとしきりに言うのでした。それほど自信がないと言うと、彼は同じことを何度も繰り返し、特に私が、欲望と黒いユーモアを結び付けているものをクローズアップしすぎたかもしれないと言い張ったときにはそうでした。

私がわざわざこの個人的な思い出を引き合いに出したのは、私の目から見ると、この思い出が、ブルトンがおよそ祝賀や記念日といったものを嫌っていた事実を、明らかにしつつも、その厄払いをするものだからです。彼が私に対して示した寛容さは、決して例外的なものではありませんでした。というのも、彼にとって、発言権とはつねにまだ発言していない誰かに与えられるものであって、それがもっとも若い者でももっとも少数派の者でも変わりはありませんでした。実際、アンドレ・ブルトンは、これから始まるものに、またそれ以上に、人や物や出会いや偶然から湧き出てくるかもしれないものに、賭けることをやめなかったと言えるでしょう…

アニー・ル・ブランと星埜守之氏、
東京・飯田橋のアンスティチュ・フランセ東京にて

このあり方が、彼の考え方、愛し方を決定づけていたことを、今夜、私は語るつもりです。この賭けを、アンドレ・ブルトンは自らの探究とし、それが彼を自動記述から見出されたオブジェへ、夢から革命へ、愛から幻視へと、思いもよらない移行へと導いたのでしょう…

だからこそ、彼がたとえ、一九二三年のある日、詩集『地の光』に添えられたサン＝ポル＝ルーへの献辞のなかで、「忘却されるという素晴らしき喜びをみずからに与える」者たちに合流する欲望が芽生えるままにするところまで行ったにせよ、私は彼の予防線を踏み越え、私たちを彼の死と隔てる五十年の記念を、この賭けの根源性（ラディカルさ）にたちもどる口実に転じないではいられないのです。おそらくそこから、たとえその欠如からであっても、私たちがいま生きているものが何かを明らかにする希望を抱きながら。

いずれにせよ、この忘却への誘惑や第二の『宣言』においてブルトンが願っていたシュルレアリスムの掩蔽について言えば、文学史や美術史はそれとは違った判断をくだし、シュルレアリスムにたいして二十世紀における主導的な位置を認めようと勤しんできました。ただし、五十年にわたる大学人たちの数々の注釈、シュルレアリスムが生み出した作品のあれこれのテーマを例示するために絵画やオブジェを集めた数々の展覧会が、シュルレアリスムの無害化を加速することに大きく貢献してきた、という点は別にしてですが。

「勝ち誇る観念はみな、必ずやその失墜へと向かう」、一九四二年〔「シュルレアリスム第三宣言か否かのための序論」〕にそうブルトンは書いていますが、これは、何人かの友人と私自身とが一九七四年に、この時は最初の『シュルレアリスム宣言』の五十周年の厄払いのために書いた次の文章を予告していました――「シュルレアリスム革命はいかなる希望ないし絶望をも超えたところで顕在的には成功した。その知的目的の大部分は達成され、その豊かな示唆の備蓄はすっかり底をついた。この革命が流通をたくらんでいた諸々の神話は、ひととき人々の脳を眩惑した。そして堕落した…」★1こうして、「黒いユーモア」と「狂気の愛」は、二十世紀の標準訳聖書のなかで「優美なる屍体」たちと合流し、そこでは、シュルレアリストという形容詞は、だれもが確認できただろうように、私たちのポスト工業化社会においていや増している感覚麻痺によって生み出された、諸記号のある種の取り違え

★1 ジョルジュ・ゴルドファン、ラドヴァン・イヴシック、アニー・ル・ブラン、ジェラール・ルグラン、ピエール・ポーシュモール、トワイヤン共著『シュルレアリスムが五十歳になった時』、エディション・マントナン刊、一九七四年、四頁。

を混ぜ返すために役立つ、誤った解釈に一役買ったのです。

不幸なことに、今日ではこの状況のことを考えることのできる人はほんのわずかしかいず、状況の複雑さがその致命的な一貫性の把握を妨げています。いまだにその大部分が供されている理論的道具の老朽化のせいだけではありません。それだけではなく、まなざしが遠くをめざし、もっとも広大な地平を視野に収めることを妨げるためにあらゆることがなされているこのとき、理論的なアプローチでは不充分であることを理解する人が稀になっている、ということでもあります。

いまからもう三十年ほど前に、私は次のようにさえ考えるようになりました。すなわち、六〇年代あたりに原子力の現実が自覚されたのと時を同じくする、断片の賛美というものが、たしかに理論的陥穽の役割を負っていたことになる、という考えです。このことは、同じ年代にミシェル・フーコーが推奨した主体の消去といったものに続く、哲学的脱構築の企てについても言えます。この理論的現代性は、人間存在と事物との、現実的かつ象徴的なこの解体について考えるあらゆる試みをまさに中断してしまう効果をもっていたのではないか、と自問するまでになりました。それが個別主義の肯定を通じて無意識のうちに化粧をほどこされていたにせよ事態に変わりはなく、また、個別主義の増殖は逆説的にも、〈同一なるもの〉の過多へと私たちを導いたことになるのではないでしょうか。

時を経るにつれ、たとえそれによって多くの人々に不快感を与えなければならないとしても、徐々にそのことについて私は確信を深めるようになりました。それゆえにこそ、ラドヴァン・イヴシックが著書『あの日々のすべてを想い起こせ』[★2]で、ブルトンと過ごした最後の夏のこととして報告している事柄によって、力づけられたように感じたことは、とても大きな喜びでした。私が言いたいのは、出たばかりのミシェル・フーコーの著作『言葉と物』の主題について熱心に説明する誰かに対して、ブルトンが次のように問いかけた時の、決定的な単純さのことです――「なるほど、しかし我々にとってこの本は何をもたらしてくれるというのかね?」〔松本完治訳〕。

ここに単なる軽口しか見ないとしたら大きな間違いでしょう。それどころか、四十年ほど前に「シュルレアリスムは、その傍らで、芸術、さらには反=芸術、哲学ないしは反=哲学といった口実のもとに作り出されるものを重視することには関心がない」〔『シュルレアリスム第二宣言』〕と考えていた人物の目から見れば、これは根本的な一点に触れるも

★2 ラドヴァン・イヴシック著『あの日々のすべてを想い起こせ』*Rappelez-vous cela, rappelez-vous bien tout* ガリマール書店刊、二〇一五年、六六頁。

のなのです。それよりさらに何年も前に、シュルレアリスムの最初の宣言で、こうも言い放っていたことを、思い出しておくべきでしょう——「生きること、そして生きることをやめることこそ、想像のなかでの解決である。生は別のところにある」。

実際に、最初の『宣言』を締めくくりながら、ランボー直系のある詩的意識へと開かれたこの言明ほど、文学と遠いものはないからです。一八七一年に、いまや「詩はもはや行動に韻律を与えるものではないだろう、それは先頭をゆくものだろう」と言い放ち、別の存在の仕方をもたらすこの新しい詩概念を通じて文学全体をまるごと問い直している、「見者の手紙」のランボーです。

ブルトンがあらゆる手段をもちいて、**意識の最高段階としての詩**を主張しようと試みているのも、この意味においてなのです。言い方を変えれば、西洋文明がその上に構築されてきた、効率と合理性の諸価値に、唯一の知的・道徳的指標としての感性的評価を対置することです。

ですから、二つの宣言のなかでアンドレ・ブルトンがはっきりと述べているにもかかわらず、シュルレアリスムのこの本質的な次元がつねに覆い隠されてきたとしても、驚くには及ばないでしょう。特に最近、シュルレアリスムが二十世紀の避けて通ることのできない芸術運動に、しかし単にそれだけになって以来そうです。このことは偶然ではありません。

実際、もっぱら美的な諸範疇を破壊することを求め、詩のなかに、事物の秩序を拒むと同時に「生にふたたび情熱を与える」根拠を見いだしていた、ひとつの感性的不服従を、私たちの世界が当の諸範疇にふたたび押し込めようと躍起にならないことがあるでしょうか。このように、シュルレアリスムがいかなる反抗から生まれたのかを、どんどん忘れてゆくのが、最近の傾向なのです。

反抗、それはまず、二十歳の頃に目の前にあった地平が、一九一四年から一九一八年にかけての戦争の激戦地だったような、若者たちの反抗でした。ブルトンは一九六二年のあるインタヴューで、この点に立ち戻ることが有益だと考えています──「この正当化のできない虐殺、この恐るべき欺瞞、まさにそこから出発して私が確信したのは、書かれた詩は単に魅惑の道具であるのみならず、生──あえて言えば感性的生──に作用し、異常で耐え難いと考えうるあらゆるものに対して、初手からひとつの介入の意志を印すのでなければならない、ということです」[★3]。

★3 「アンドレ・ブルトン、マドレーヌ・シャプサルとの対話」一九六二年八月九日〈エクスプレス〉誌掲載、一九七〇年、ガリマール書店刊『等角投像』二〇八頁。

このことは、ブルトンが同じインタヴューのなかで、最初からこの「介入の意志」が彼にとっては、あらゆる文学的企てからもっとも遠いところにある、詩というものと不可分だっただろうと、わざわざ強調しているだけに、一層注目すべきことであるように私には思えます。しかも彼は、戦争から半世紀近くたってからも、「文学と詩のあいだにはなにも共通するところを見いださない」と言い、こう続けます――「一方は、それが外の世界に向いていようが、内省を自負するものであろうが、私にしてみれば無駄話を提供するものです。もう一方は、内的冒険そのものであり、この冒険こそが唯一私の関心事です」[★4]。そしてそこから、詩が彼をどのようにして「まず、戦争状態の継続が日に日に破廉恥で耐え難いものにしていった諸々の要請や束縛全体の拒絶、そして、そのことができるようになるが否や、つまり、わずかな危険であっても、このような状況を扇動する諸々の思想や人々を断罪する意志へと」導いたのかを明らかにするとともに、こう続けています――「詩に私が期待していたのは、その本質そのものからして、私たちが耐え忍んだばかりの事柄に敵対する詩というものが、この戦いに必要な刺激剤を私にもたらしてくれることでした」[★5]。

こうして、理性と道徳の名のもとに不条理と恐怖を生み出したひとつの文明に対抗する暴力をダダと共有したのち、ブルトンは、事実上の状況に対するこの反抗から生まれた、「受け入れがたい人間の条件」への反抗であることが明らかとなるひとつの詩にすべてを賭け、さらには、シュルレアリスムを、もはや意味をもたない世界に意味をふたたび与える狂おしい試みとするに至ったのです。

これに関しては、二〇一六年は一九一六年よりましだとはとても言えません。ヨーロッパであれ、中東であれそうであり、およそ汚れきった戦争の数々に加えて、気候戦争があらたな災害をもたらし、私たちを廃墟に導き、あるいは住民全体を壊滅させていることは言うまでもありません。また、私たちがいま、記念という惨めな営みに際しているからには、今年がチェルノブイリとフクシマにおける大惨事の、言うなれば二重の記念の年であることも忘れることはできません。前者からは三十年、皆さん方が経験した後者からは、五年の月日が流れました。

だからこそ、今日の人間が自然や自分自身にたいしてもっていると思い込んでいる統御の力を日に日に空しいものにしているこれらの不幸の多様性を前にして、私はいまでも、

★4 前掲書、二一一頁。
★5 前掲書、同頁。

これらに対峙させるべき数少ない力のひとつが、アンドレ・ブルトンが誰にもまして示していた、感性の不服従であると確信しているのです。

詩がなんであれ実利的な解決をもたらしてくれたことがある、というのではありません。詩の力は別のものであり、その力は、存在するもののさなかに、存在しないものの無限の展望を開くことにあります。ランボーは「私とはひとりの他者である」と言いましたが、まさに、この裂け目を開き、事物の存在そのもののなかにこの距離を持ち込むことによって、詩は想像のなかの解決として必要となるのであり、詩だけが、現実の全体性を把握し、それと同時に、現実を別の仕方で思い描くことで現実を変えることさえおそらく可能にするのです。ランボーはさらに、「思考を鉤にひっかけて引き寄せる思考の、数々の香りや色を含めたすべて」を凝縮するような「言語」についても語っています。引き寄せる、そう、いわば、想像的なものと自由とのあいだの――私たちにとっては死活にもかかわる――絆、しかしまた、詩と反抗を結び合わせるものでもある絆が、ふたたび有機的に創造されるような、客観的でも主観的でもないあの空間を開くまで。それは、アンドレ・ブルトンが『秘法十七』で鮮やかに語ったように、「風のなかの火花、しかしまた、火薬庫を探し求める火花」とも言えます。

とはいえ、この何十年間かの嘆かわしい光景＝スペクタクルを前にして、人々はこの解決、それがいかにありそうもないものであるにせよ、この解決の存在を疑うにいたることもあり得ます。ここでスペクタクルという言葉を使ったのにはそれなりの意味があります。いまや、まるで私たちを自分たちが生きているものの傍観者にするかのように用いられている数々の道具の巨大な総体を前にして、私たちの行動の余地が徐々に縮減されているように見えているのですから。それに、ギー・ドゥボールが一九八八年に『スペクタクル社会についての注釈』において次のように指摘したとき、彼は間違ってはいませんでした――「商業的言説にたいするわずかな異議申し立てすら聞き届けさせることが物理的に不可能になってしまったこの時に、人間社会がかくも深刻な問題の数々に遭遇していることは、たしかに残念なことである」。べつの言い方をするならば、すべてが悲劇的で絶望的な仕方でもちこたえており、原子力事故は不測の事態ではなく、経済学者アラン・シュピオの言葉を借りれば「数の統治」に服従している諸社会が望んでいる、技術による支配の帰結なのです。

けれども、おそらく今日になって初めて、私は次のことに思い当たりました。ギー・ドゥボールは私のエッセー『換気口』が出版されて程ないころに、私に会いたいと言ってきました。この本のなかで私は、抒情的反乱の長い射程を描きだし、批判的思考の側がそれをことさらに無視し、この思考が告発すると標榜している技術的世界に由来する概念的道具に甘んじることで、どれだけ批判的思考が弱体化し続けてきたのかを示していました。今、私たちの会話のなかでただちに詩が占めた位置も思い出されますが、そのなかで、ブルトンの名前がいくども繰り返し出てきました。もちろん、こうしたことすべての背景には、私が少し前に表明していた確信、すなわち、否定は意味を変えたわけでなくその対象を変えたのだという確信、そして、いまや否定は、ひとつの巨大な欲望、商業社会が縮減しようと躍起になっている欲望を、分断し、断片化し、あるいは交換可能な感覚へと四散させているものに対しても頑として抗わねばならない、という確信がありました。

いま振り返ってみるならば、ギー・ドゥボールがしきりにアポリネールの詩を、のみならず、『黒いユーモア選集』でブルトンが明るみに出した人物のなかの何人かを、私たちの間で引き合いに出していたことは、人生の最終章における彼自身の絶望にもかかわらず、彼が大いなる抒情的逃亡から期待するのをやめなかった何か、それを考えさせるように思われます。

今日からすれば残念なことに、そのとき私たちは、嘆かわしい状況が核という現実に負っているものが何かについて、思いをいたすことはありませんでした。その数年後、私はこの問題に立ち戻り、カタストロフィの想像界に問いかけることで、核による殲滅の現実が、思考からいかに無限の展望を、さらには、無限の否定のありとあらゆるモデルを奪ってしまうかを明らかにしようとしました。

　いずれにせよ、このテクストを読んだ後もなお、ドゥボールは私の分析がいかに考慮に値するかを私に言いました。そしておそらく感性のこのような損傷の予感こそ、私がブルトンの著作で確認した事柄だったのです。すなわち一九四八年にしてすでに、戦後の荒廃した風景と原子力状況の新しさを前にして、『置時計のなかのランプ』というテクストにおいて、ブルトンを促して次のように表明させたのでした――「世界のこの終わりは私たちのものではない」。しかも、サドからネルヴァル、ボードレールからマラルメ、ランボーからロートレアモンと続く否定の大いなる伝統の重要性をここでも想起させたのち、ブルトンはこう続けていました――「世界のこの終わり、今日私たちはそれを望んでいないと、私はなんら憚ることなく言うだろう。それが描き出されるときの線、そして、我々から見れば、いかなる期待にも反してそこに不条理さを刻印している線を見るようになって以来、我々はもはやそれを望みはしない。この世界的な失神状態に関して、ひとえに人間の疎外がその原因になりえたと思われる、まさにその限りにおいて、我々は嫌悪感のみを覚える」。

　この注目すべきテクストで、もう一度、アンドレ・ブルトンは感性の羅針盤に身を任せ、同じ動きでもって、歴史的展望と抒情的展望を視野に収めながら、風景全体を再考しようとしています。しかも何というやり方でしょう、一年前に詩的アナロジーに託すことができると考えた「上昇記号」を踏まえつつ、記号の逆転に訴えかけているのですから。言い換えれば、詩的プロセスの核心に立ち戻り、ブルトンが、「見渡す限り枝状に分岐し、その全体に同じ樹液が循環している世界を」示しているアナロジー的な動きのなかに、核の現実性に決定づけられている商業的世界によって、以来いたるところから私たちに押し付けられている、人間存在や事物の解体モデルに対抗できるエネルギーを認めていたことに変わりはありません。

疑念を抱く人もいるかもしれません。しかし、ギー・ドゥボールが強調している力の不均衡や、最近の大災害がひとつまたひとつと私たちに教えている事柄に鑑みるなら、私たちの拒否の余地は非常に狭くなってしまっていて、この余地を広げることを決して諦めはしないにしても、もはや私たちは、感性的領域において、この世界があくまでも否定し、隠蔽し、打ち負かしそうとしているもの…そうやってみずからの秩序を押し付けようとしているわけですが、そうしたものすべてに頼るしかありません。なぜなら、おそらくこれが、私たちに将来として与えられている、長期的に大災害（カタストロフィ）を払いのけるための唯一の手段だからです。

だからこそ、私はブルトンの探究にかかわる以下の一文を引用しなければ後悔することでしょう。この一文が今日、私たちに最高度に関わっているというからだけではなく、それがここでもまた、ブルトンが標榜することをやめなかった、大いなる非今日性への訴えかけが、突然私たちの今日性をいかに照らし出しているのかを示しているからでもあります。そして同じように、この光によって、いかに今日性が突然、非今日性を潤すことになるのかも示しているのです。

ブルトンが『シュルレアリスム第二宣言』で語っている、例の一点の有名な定義はよく知られています——

「すべてがそう信じさせるところによれば、そこから見ると、生と死、現実的なるものと想像的なるもの、過去と未来、伝達可能なものと伝達不可能なもの、高処と低処が矛盾したものとして知覚されることをやめるような、精神のある一点が存在する。ところで、シュルレアリスムの活動のうちに、この一点を定義する希望以外の動機を探そうとしても無駄である。」

これほど非今日的な言葉はありません。しかし私は、この一点の定義を可能にし、ブルトンのやり方を例外的なものとしている、運動そのものを強調したいと思います。例外的なやり方、というのは、失われた諸力の探究を通じて、とは言いませんが、つねに起源へ、深部へと立ち戻ることによって、二元論のあらゆる形態の裏をかく、という意味においてです。ブルトンが、おそらく意識的にではないにせよ、あらゆる場面で事実がつくる泡と深海とのあいだに誘発してきたはずの、この往復運動の決定的な重要性を示唆しているだけになおのことで、一九六三年のあるインタヴューにおいて、シュルレアリスムの将来はそこにかかっていると示唆しています――「シュルレアリスムの活力は、その視野と当初の意図の深化の関数であるだけではなく、発泡の次元の関数でもあり、その次元においては、シュルレアリスムは時のなすがままに提起される諸問題との関連のなかで維持されるべきものである」★6。

最初の『宣言』から流れた四十年の年月を払いのける目的をもったこのテクストにおいて、ブルトンはまるで、これから起こりうることに向けて自分を投影しているかのようです。そしてまた、彼が時のなすがままにという表現を強調するよう導いた素晴らしい動きのなかで、偶発的なるものにある種の秘密を与えているようでもあります。すなわち、彼の探究は、ひとつの監視活動と切り離すことのできないものだっただろう、ということです。ただし、この監視人を、彼の情熱的な注意力が幻視へと導くことになるのですが。

しかも、若きブルトンが、ヴァレリーにキュビスム絵画に関心をもってもらいたいと望んでいたところ、ヴァレリーが、それにはほとんど関心がないといって取り合わなかったとき、ヴァレリーもまた、見たのではないでしょうか。実際、ヴァレリーは一九一六年の七月、ブルトンにこう書き送っています――「物事を見抜く若き見者よ、次に語るのはあなただ」[7]。一九五二年にこの手紙に言及しながら、ブルトンはヴァレリーの正しさを全面的に認めています――「若者のこの見開かれた目（いまだ存在しないが、これから存在することが漠然と感じられるものへと見開かれた目）、これだけがいまだに良いものなのだ」[8]。ブルトンは、「ヴァレリーがルノワールに対してもっていたと思われる、あるいは、フェネオンがスーラに対して確かにもっていたような目を、それらの人々にもはや認めることができない」ことを残念に思いながら、ブルトンは自分が五十年代の絵画にほんのわずかしか関心を抱いていないことを表明しているだけかもしれませんが、自分もまたそうなるのではないかと危惧を抱いているほどです。

とはいえ、「いわゆる『社会主義リアリズム』」の産物にうんざりすると言う一方で、彼

★6　アンドレ・ブルトン「等角投像」、一九六三年十月刊〈ブレッシュ〉誌第五号掲載、『等角投像』二二八頁。
★7　前掲書、一五頁。
★8　前掲書、一四頁。

は『「抽象」芸術なるもののあまりに度を逸した増殖は、好奇心よりも恐怖を感じながら、蟻塚のなかに分け入ってゆく印象をもたらす』[★9]とも言っていることに変わりはありません。そして、確認しておかねばならないのは、この二重の批判、当時彼だけがなしえた批判を彼は、みずからの二十歳の眼を保ち続けるために手をつくし、その最初の純潔さを決して失うことがなかった、という事実に負っていることです。

『シュルレアリスムと絵画』の冒頭の一文、「眼は野生の状態で存在する」を思い出さねばなりません。人はそう思わないかもしれませんが、これは見る者と同じくらいに、「見るべきものを与える」芸術家にとっても意味のある言葉です。さらに、誰であれ自分自身を探究する者にとってもそうです。

ブルトンは自らを若き日の同時代絵画に急き立てた「たぎるような問いかけ」を喚起していますが、重要なのは彼がマチス、ドゥラン、ピカソ、デュシャン、マックス・エルンスト、ミロ、キリコ…を名指していること以上に、誰それのこのタブロー、また他の誰それの別のタブローといった例で、彼はそのおかげで自分自身の幾つもの未知の部分を発見したのです。この観点からすると、さらにことを明白にしてくれるのは、彼がこの十年ほどのちに『狂気の愛』のなかで次のように告白していることです――「こめかみに凪の冠毛が触れる感覚によって特徴づけられるような物理的な疼きを直ちにもたらしてくれないような自然の光景や芸術作品を前にした時の、みずからの深い無関心を私は何ら困惑することなく告白するが、この物理的な疼きは問題の感覚とエロティックな快感のあいだにひとつの関係を打ち立てるものであり、両者のあいだに私が見いだすのは、程度の差にすぎない」。

　というのも、彼にとって、欲望とはひとつの謎であるとともに、各人がおのれ自身の闇のなかを進んでゆくことを可能にしてくれる、導きの糸だからです。そしてもし世界が解読されるべきものであるなら、ただひとつ欲望だけがその鍵を私たちに与えてくれるのです。というのも、人間は、自分が遭遇する諸々のイマージュ、事物、状況を通じて自分という存在を知るからです。複数の海流が、交わり、横断しあい、たとえ相互に浸透することすらなくても、どんな別の空間が、常に別の、常に来たるべきどんな空間が、私たちのそれでありうるのかを見せてくれるように。

　シュルレアリスムのなかで顕現した偉大なるものはすべて、ここから生じています。主観的でも客観的でもない空間、かつて私は『転覆の城』で非客観的空間と言ったものですが、

★9　前掲書、同頁。

これは、十八世紀ヨーロッパが暗黒小説を通じて自らのためにこうして創出した精神の場所を名指すための言葉で、私はそうやって、この場所にとりついている諸々の形態が出現するのを見ようと試みたのでした。誰にも帰属していないけれど、そこでは誰もが、自分自身ともっとも遠いところで自分を発見できるような、複数的空間。恋人たちの空間であると同時に、感性の幾多の大いなる運動の空間でもあり、選択的親和力の作用によって常に描きなおされる、そんな空間。

それの出現を、いまここで誘発し、感動と、私たちが感動に負っている多くの目くるめくものたちとの樹液がより自由に循環するようにすること、それがブルトンの大いなる関心事だったでしょう。私の見るところ、そこから彼の詩的貢献の強い力がもたらされているように思うのです。その空気がより活気を帯び、交流がより強度を増すこと、そのことを、シュルレアリスムにおいては豊富な集団的活動が十二分に示しています。

「かつての個別的外見は今や脇に除けられる時であり」〔前之園望訳〕、ブルトンは一九四三年に詩『三部会』でこう喚起しています。これはまさに、彼がこの二十年ほど前に、「私とは誰か?」という問いかけで始まる『ナジャ』という本を通じて身を投じたことで、彼はそこで、おのれの彷徨がどのように意味を得るのかを見いだすために、彼と、ひとりの道に迷った、そして度を失った女の彷徨との出会いから出発し、やがてこう考えるに至るのです――「それぞれの人間存在の周囲には、その人の想像力のなかにだけに存在するのではない非常に特殊な陰謀が醸成されているはずであり、知識という観点からいっても、それを考慮に入れるのが適切であろう」。ここから、例の「横滑り的事実」や「断崖的事実」にたいしてブルトンが当時抱き、また、その後も抱くことをやめなかった最大限の関心が出てきます。これらの事実とは、「毎回、ひとつの合図のあらゆる様相を示しているにもかかわらず、正確に何の合図なのかを言うことはできない体のものであり、これらは私がまったく一人でいる時に自分のなかにありそうもない共謀関係の数々を発見するように仕向けたり、私が一人でかじ取りをしていると信じているときにはいつでも、それが私の幻想であることを私に言い聞かせたりする」ものなのです。

人間存在や事物を結び付ける諸々の親和力の稜線を明るみにだしつつ、欲望の白熱が風景全体を描き直し、私たちを、自分がそうだと思っているものをはるかに超えたところに運んでゆく、そういうことです。諸々のイマージュの地平の上に立ち昇るのをブルトンが見ている大いなる風は、一人ひとりの人生を、たとえそれは閃光の一瞬であったとしても、燃え上がらせることのできる、あの同じ風である、ということです。

「詩の抱擁は肉の抱擁のように
それが続くあいだ

世界の悲惨の上に注がれるあらゆる閃きを擁護する」

これが、彼が一九四八年に、詩「サン・ロマノへの道の途上で」において言明している確信です。宣言詩と呼ばれるこの詩は、『三部会』で選んだ「幻夢の道」を延長しつつ、「垂直に昇る」精神の冒険の道と一体となるのです。しかしブルトンはそこでこうも強調しています――「一時停止してしまえば、この道はすぐに藪に覆われる」。

藪の方について言えば、残念ながら私たちにとって、藪が徐々に繁茂してもはや風景を遮ってしまって以来、状況は深刻化しています。それは、私たちの地平となってしまった、あらゆる展望の不在というものを、私たちに忘却させることにすべてが貢献しているという、そんな不幸のなかを進んでゆくことと軌を一にしています。それはまた、多様なるものの羽根で、開かないように考案された出口の扉を飾り立てにやってくる、幾多の文化的まやかしの恒常的な更新によって維持されている、短期的な無数のコンセンサスの幻想のおかげでもあります。というのも、私たちは今や、各人が、日々少しずつそれ自体の戯画になりつつあるある種の生を自慢するよう命じられているような、そんな世界の囚人になるところまで来ているからです。そのような生が、みなさんご存知の恐怖に急変しないとしても。

だからこそ、記念祭の観念を粉砕して私たちに火の贈り物をしてくれる、『第二宣言』のこの言葉を、どうして喚起せずにいられるでしょうか――「反抗に関しては、我々のなかの誰一人として、先達など必要としてはならない」。それでも同時に私が喚起せずにはいられないのが、一九四三年、亡命と第二次世界大戦の混沌のさなかで、ブルトンが躊躇することなくきっぱりと、彼の詩『三部会』を、まだ存在しないものへのこの差し向けによって始めたことです――

「下になにがあるのかを言ってくれ　話してくれ
なにが始まるのかを言ってくれ
そしてかろうじて光を捉えている私の両目を磨いてくれ
……
朝の下に夜の下になにがあるのかを言ってくれ
四大元素と三界とは無関係なあの幾多の袋状地の地形学的概要をついに私が得んことを
それら袋状地の体系は生物や事物の素朴な分配を侵犯し」

重要なのは、ここに始まっている事柄が、この詩の最後で終わるわけではないということです、「闘技場《アリーナ》が空《から》っぽになる」時、そして

「矢が飛び立つ
一つの星　夜の毛皮の中に消えゆく唯一つの星だ」

〔前之園望訳〕

と歌われる時に。
ほかに理由はないにしても、私の目にはそれが他のいかなる理由にも匹敵すると思いつつ、私は生涯で二度目、そしてこれで最後ということで、あえてブルトンの名において語らせていただきます。ここにいる、あるいは到着しようとしている「若き見者たち」に向けて、「次に語るのはあなただ」と。

アニー・ル・ブラン

訳＝前之園 望

質問者B――私は学生時代にシュルレアリスムの詩や世界がとても好きで、とても傾倒していました。本日はアニー・ル・ブランさんという、生きたシュルレアリスムの時代を御存じの方のお話をうかがえて大変光栄でした。現在、私自身もアーティストとなり、シュルレアリスムの人たちが信じていたように、全ての人が本来は詩人であり、詩の力を備えていて、ユートピアの実現は可能なのだ、ということを信じて活動を続けております。けれども、先ほどおっしゃっていたように、世界のほとんどが絶望で覆われてしまっているような現代において、詩の力を信じている人の数の方が少ないと個人的には感じています。その原因は、詩が難しいもの、あるいは趣味的なものと捉えられていたり、あるいは書店や図書館で本を読んで感動したとしても表に出れば外の世界は殺伐としたままであったりする状況にあるのだと思います。世界中の大半の人が、日常生活の中で詩というものの力を信じることがなく、またその力に気づいてすらいないという気が、実際にするのです。現在、このような状況の中で、これから私たちがどのような行動を起こし実践してゆけば、この世界を、詩の力を現実のものとして実感することのできる社会へと近づけることができると思いますか？　たとえささやかでもこの世界に「裂け目」を入れるには、私たちには何ができるでしょうか？　もしよろしければなにかアドバイスをいただけますでしょうか。

アニー・ル・ブラン――そうですね、その問題は今日それぞれの人間が考えるべき唯一の、そして真の問題です。だからこそ、私は力の恐ろしい不均衡を強調したのです。まず、不当な要求や逆境を前にしたら、そのたびごとに機会を逃さず、抗議し、反対し、耳の痛いことでも言い聞かせるために、集団で声を上げるという方法があります。例えばフクシマに関して言えば、事故の現実を明らかにしようと尋常ならざる努力をしている人々、まさしく嘘で塗り固められた嘘に対して戦いを挑み格闘する人々、事の経緯を告発する人々がいることは良く知っていますし、それは最も重要なことです。ですが、その一方で、ここ数十年にわたる非常に不穏な動静を見ていると、この世界が私たちの感性を植民地化しようとしていることが次第に明らかになってきているように思えるのです。だからこそ、私はこうも考えるのです。もうひとつの拒否の仕方があると。それは、この世界から距離を取ること、つまりは、この世界が私たちに押し付けてくる様々な制約を、例えそれがほとんど感知不可能なものであっても、一切受け入れないということです。そのようなわけで、何年も前にこの問題についてじっくりと考えた際にも、[*1]そして最近この地で何度か行った私の講演会においてその問題を再検討する際にも、私は「個人的奪還」という観念に言及するに至ったのです。私はこの観念を二十世紀初頭のフランスのアナーキストたちから拝借したのですが、この世界の法律や秩序が私たちから盗んだあらゆるものを、皆が個々人でこの世界から盗みによって取り戻さなければならないという理論を彼らは持っていました。これは、感性的領域に関して言えば、誰もができることだと私には思えます。というのも、ほんのわずかでも距離を取れば――さほど離れることもありません――、現在は全世界が自発的隷従状態の中にあるということに、すぐ気づくからです。それも、大多数の人々にとって至極当たり前に見えているものを、ちょっと透かして見るだけで――というのは、フェイスブックの話をしているのです。システムの決定的内容を問題視する内部告発者のような人々が出てすぐにそれと知れましたが、あれはとんでもない警察的ツールです。各々の個人的生活に関して言えば、それは私たちの家庭に備え付けられた警察ですが、それは同時に、隷従への誘い、もっと言えば自発的隷従の享受への誘いなのです。実際には――少し考えてみるだけで事足りるのですが――「否《ノン》」と言う機会は、思った以上に多くあるものです。

質問者C――素晴らしいお話をありがとうございました。シュルレアリスム、そしてアンドレ・ブルトンの著作は、今日にいたるまで、私に生き続け、戦い続けることを可能にしてくれたものなのですが、今後、シュルレアリスムの名のもとに戦い続けることは許されるのでしょうか？　ル・ブランさんのおっしゃっていた「シュルレアリスムの無害化」について私は考えているのですけれども、シュルレアリスムというものが無害化されてしまった現代社会の中で、シュルレアリスムを語り、シュルレアリスムの名のもとに、もっと言ってよければ、シュルレアリストとして、戦い続けることは可能でしょうか？あるいは、シュルレアリスムやアンドレ・ブルトンという名前を、もはや口にすべきではないのでしょうか？

アニー・ル・ブラン——まさにその問題が、何人かのシュルレアリストたちに問われたのです。というのも、ブルトンの死後シュルレアリスム運動は続きましたが、一九六八年があったのです。そして一九六八年の反乱は見事に諸制度を打倒しました。実はこれは、シュルレアリスムで起きたことなのです。シュルレアリスムは生き長らえて「意味される事物なきあとも続く記号の残存」[*2]とブルトン自身が呼んでいた事態にさしかかっており、まさしくひとつの制度になりつつありました。そこで、まだ残っていた何人かは、しかしながら、シュルレアリスム運動それ自体としての活動は中断した方がいいと考えたのでした。しかし大部分はシュルレアリスムの名前を使い続けました。そこで分裂があったのです。というのも、ラドヴァン・イヴシック、トワイヤン、ジョルジュ・ゴルドファン、そしてこの私——その他にも何人かが合流しました——にとって、シュルレアリスムがその他のものと同じような文化的生産物になりつつあり、美術館や大学で無害化されつつあるまさにその時に、シュルレアリスムの名前を使い続けることなど問題となり得なかったのです。こうした全てのことが原因となって、私たちはシュルレアリスムの名前をもう使わないことに決めたのでした。「反抗に関しては、我々のなかの誰一人として、先達など必要としてはならない」という『シュルレアリスム第二宣言』の例の文章を先ほどわざわざ思い出してもらいましたが、そこで問題になっているのはこうしたことなのです。私の目から見れば、シュルレアリスムの本質的特性のひとつは、それが前衛運動ではなかったということです。二十世紀に起きたほぼ全ての出来事に反して、シュルレアリスムは前衛運動ではありません。それはいわゆるイデオロギーとは混同され得ないもので、むしろ、まさしくあの拒否の意志を共有する何人かの集まりから生まれた風土《ク》／雰囲気《リマ》なのです。しかもそれは、その場にいる人々の特異性《サンギュラリテ》が他のどの場所よりもうまく自己表現をすることができるような風土／雰囲気なのでした。そして今日、私が思うに、この世界から距離をとりたいと単独で思っている人々は、自らの特異性への道を見出すことができるようになるでしょう。シュルレアリスムがある種のやり方で発明したのはこのことなのです。シュルレアリスムの星座の中にいた画家たちの多様性を見れば、そこには本当に驚くべきものがありますし、その後に続いたいくつもの異なる世代を検討してこの世界における様々な違った在り方を想像してみてもやはり結果は同じです。国際的な広がり——これもまたシュルレアリスムの特徴のひとつでした——については言うに及びません。だからこそ、この特異性という観念は、特に見失ってはいけないのです。そして同時に、世界は変わってしまったという事実についてもじっくりと考えてみなければなりません。なぜなら、当然ながらシュルレアリスムは具体的な歴史的状況に結び付いていますし、その思想のうちのいくつかは、その態度決定のうちのいくつかと同様に——このことは一九七四年に私の友人たちと私自身とで作成した文章『シュルレアリスムが五十歳になった時』を引用して先ほど確認してもらいましたが——表明された時点では重要だったのですが、別の時代では平凡なものの類いとして扱われてしまうようになったのです。ですから、今度はまさに一人ひとりが、あの特異性の名のもとに、もしその追究を望むのであればあの反抗の名のもとに、じっくりと考え、別の場所で別様に、しかしまた私の言った通り今ここで[*3]生きるよう試みる番なのです。

我が著書『換気口』の冒頭に私は二つの文章を引用しました。ひとつはサドの、もうひとつはアルチュール・クラヴァンのものです。彼ら二人をブルトンは『黒いユーモア選集』の中に登場させていますが、サドは十八世紀末の、そしてアルチュール・クラヴァンは――彼の執筆活動は一九一二―一九一三年前後なので――二十世紀初頭の人物です。最後に、その二つの文章を、ただその二つの文章だけを、みなさんにプレゼントしたいと思います。[*4] 最初の文章はサドのものです。「[……]臆病者たちは私を絶望させた。いっそ彼らには何も書かないでもらいたい。その方が、考えを中途半端に私たちに伝えるよりも百倍ましだ。」二番目はアルチュール・クラヴァンのものです。「もうじき通りには芸術家しか見かけなくなり、そこにただの人を見つけるのは至難の業となるだろう。」さて、みなさんの周りで起きていることがそうなっていないかどうか、見回してみてください。

そこから結論を引き出すのは、みなさん一人ひとりです。

訳註

＊1 アニー・ル・ブランの著書『換気口』（一九八八年初版、二〇一二年に出版社を変えて再版）のことを暗示していると思われる。「個人的奪還 « reprise individuelle »」という言葉は当該書籍内に二度登場するが、拙訳では「個人的再開」と訳してある。Cf. Annie Le Brun, *Appel d'air*, Verdier, « Poche », 2012, p. 106 et p. 119.［アニー・ル・ブラン『換気口』前之園望訳、エディション・イレーヌ、二〇一六、一一九頁、一三三頁。］

＊2 ブルトンは「意味される事物なきあとも続く記号の残存 « la survivance du signe à la chose signifiée »」という表現を一九二六年に雑誌『シュルレアリスム革命』第六号掲載の連載記事「シュルレアリスムと絵画」内で用いている（この連載記事は後に『シュルレアリスムと絵画』（一九二八）にまとめられ、一九四五年、一九六五年には増補版が出版される）。Cf. André Breton, « *Le Surréalisme et la Peinture* », *Le Surréalisme et la Peinture, Œuvres complètes*, t. IV, Gallimard, « Pléiade », 2008, p. 358.［アンドレ・ブルトン「シュルレアリスムと絵画」（一九二八）巖谷國士訳、『シュルレアリスムと絵画』、人文書院、一九九七、二五頁。］シュルレアリスム運動の黎明期に生まれたこの表現を、ブルトンは第二次世界大戦中から戦後にかけて特に頻繁に使用している。

＊3 フランス語で頻繁に使われる表現 « ici et maintenant » は直訳すると「ここで今」となるが、日本語として定着している語順に従って「今ここで」と訳す。この回答は、アニー・ル・ブランの著書『ヴァジプロ、全てを捨てよ、その他 *Vagit-prop, Lâchez tout et autres textes*』（一九九〇）が二〇一〇年に再版された際にその序文として書かれた「別の場所で別様に」という文章を踏まえての表現となっている。この文章は

二〇〇一年から二〇一〇年までに彼女が書いた文章を集めた著書『別の場所で別様に』（二〇一一）に収録された（Cf. Annie Le Brun, « Ailleurs et autrement », *Ailleurs et autrement*, Gallimard, « Arcades », 2011, pp. 243-253）。参考までに「別の場所で別様に」の結論部を紹介しておく。

だが、自らを刷新するに従って権力の階級を上り詰めることを覚えてゆくだろうネオフェミニズムの徒に関して何を言うべきか？　人生から情熱を奪うための彼ら彼女らのたゆまぬ努力に関して何を言うべきか？　全てがつながっており、彼ら彼女らの「プラグマティズム」は自発的隷従の用いる新しいメーキャップなのだと言う以外にないだろう。また、今こそ別の場所を別様に（ailleurs et autrement）眺める時であり、そして特に、今でもまだ、そしてこれからもずっと、離脱するべき時なのだと言う以外にないだろう。

なぜなら、全く若い人々は、自由が新しい概念かどうか知ろうなどとは考えずに、今ここで（ici et maintenant）愛し合い始めるからだ。彼らが知っているのはただ、自由とはいつでも発明し直さねばならないということだけだ。今ここで。（二五三頁）

＊4　以下のページからの引用。Annie Le Brun, *Appel d'air*, *op. cit.*, p. 11.［アニー・ル・ブラン『換気口』、前掲書、七頁。］

II 参考文献——アンドレ・ブルトンの重要テクスト

Deux textes à lire d'André Breton

«C'est à vous de parler, jeune voyant des choses...» André Breton

「物事を見抜く若き見者よ、次に語るのはあなただ……」[*1]

アンドレ・ブルトン

訳＝前之園 望

一七歳や一八歳の時に、当時としては全く新しい、ほとんど満場一致の不評と不寛容の標的となるような造形作品に対して私が持っていた目を、なぜ私は保てなかったのだろう！ それらの作品との出会いが、さらにはそのうちのいくつかのぱっとしない写真複製との出会いですら、どうやら私自身を高めてきてくれたように思われるし、ありうるもの[*2]——それが確固たるものなのだということには、当然ながら年月を隔ててしか気づくことができなかった——の概観という最高に心を躍らせるものを私に提示してきてくれた。私は絵画《タブロー》を「ひとつの窓」以外のものとして見ることができず「まず関心があるのは、その窓が何に面しているのかを知ることである」とずいぶんと以前に言ったが[*3]、そうすることで私が「ともかくも、今の外観は何一つとどめていないだろう」[★1][*4]という言葉をほのめかしていたに違いないと思われている。快楽の第一条件は——その快楽がはっきりと感じられる場合であればぼんやりと感じられる場合であれ——それら外観の革命があること、慣習的な眺めから（できる限り遠くへと）連れ出されるということだった。私は当時（一九一三年――一九一四年のことだ）巷に溢れていた数多の理論に目を通したなどとは到底言えなかったし、自分の趣味に共感してくれる人間を誰一人知らなかったので、「気取り屋根性《スノビスム》」だという非難に対してどうやって自己弁護すればいいのかすらも分からなかった。爾来、批評は理にかなったものとなり、私が好きだったもの、そして私以外の人々は忌み嫌っていたものを好きになることが正当なことであるという[*5]様々な理由が我々に与えられるようになった。自分がそれなりに色々と経験してきたことには満足しているが、それ以上の感慨はない。

　とは言えやはり、若さ特有のあの見開かれた（まだ存在はしていないが、これから存在し始めるだろうことがぼんやりと感じられるものに対して見開かれた）目だけがいつでも唯一良質なのだ、と思うことがしばしばある。それが若さ特有の目だとは知らずに、その目を持っていたと思われる人々――ルノワールを見るヴァレリーのように――、あるいは確実にその目を持っていた人々――スーラを見るフェネオンのように――に、もはやその目を見出せないことに私は当時驚いていた。今日生じている造形分野での冒険を眺めていると、その冒険に対する私の関心が薄れがちであるのが眼差しの避けがたい経年劣化に起因するものなのか、また、自ら主張しているほどその冒険が本当に自分自身に対する冒険かつ前進であり続けているのかどうか、時折私は考え込んでしまう。特に、白蟻の巣だらけの景色の中にはまり込んでしまったような感じがして私なら好奇心よりも恐怖を覚える「抽象的」と呼ばれる芸術がこちら側の世界でたがが外れたように増加するのを目の当たりにすると、原因が私自身の弾力性《ばね》のせいではないかと疑ってみても、どうもそうとも言い切れないのである。言うまでもないことだが、同じこの世界の別の側では、力によって押し付けられた自称「社会主義的写実主義《レアリスム》」が、芸術上の冒険心を軒並み潰えさせたのみならず、久しい以前から定義されているような芸術の土台そのものを崩壊させてしまった。

一九一六年七月に、ポール・ヴァレリーは私にこう書いていた。

［……］そうこうするうちに、私には息子ができました。今日で生後十四日です。この出来事——あなたにとってはどうでもいいニュースですが——があったにも関わらず、私はとあるキュービック派展覧会★2を訪れたのですが、もしもあなたの付き添いがあったならば重宝したことと思います。あなたが何をされているのか存じませんが、この展示はまさに一台

の手術車[*6]に匹敵するものでした。この芸術には確かに新しい何かがあるのですが、それは一体何なのでしょう?

デカルトは、子供によって正確になされた算数の演算には世界一偉大な学者であっても何も付け足すことはできないだろうと考えていました。

ボワローは、さしたる理由もなく、六音節グループにかっちり分割された計算し尽くされた十二音節がおそらくは詩人を作るものだと考えていました。

そして私はいつもこう自問するのでした。どうやって立体派画家《キュビスト》Aをキュビスト Bと区別したものだろう?

もうすっかり疲れてしまったので四方山話はこのへんでやめにしておきます。物事を見抜く若き見者よ、次に語るのはあなただ……

世間全般の利益のためには、過去の芸術同様、今日の芸術に関しても——ヴァレリーは正しかった——この種の「若き見者」に考えを語らせるべきなのだろうが、その機会が与

★2　原文通り。

えられることは当時よりもさらに稀になっている。常に同じ人々が同じ人々を賞賛するために語るということがまかり通っており、あたかも彼らのあとでは手を引かざるを得ないかのようである。大評判（うんざりするような）がお膳立てされるのは、この道半世紀の綺羅星の如き芸術家たち、それも、遥か遠い昔にはそのメッセージのこの上なく大胆で高度な表明方法に世間の関心・感動が付いて回ったものだが、その関心・感動を生涯現役で呼び起こし続けるよう要求するのは明らかに多くを求め過ぎとなるような芸術家たちのグループの周辺だけなのだ。少なくとも私の立場から言わせてもらえば、芸術に対してはあらゆる方向への探究の姿勢を取り続けるべきだろうし、かつての征服者たちのどんなにささいな振る舞いも気にかけるべきではないだろう。彼らはもはや征服の風に乗ることができておらず、そうでなければ彼らの取り分は今でも十分素晴らしいものになっていたはずだ。私たちの生きるこの時代では、残念ながら、型どおり《ルーチン》の繰り返しと商業的投機がこうしたことに関して別の結論を出しているのである。十分に独立したどのような雑誌ならば、若者に本当に人気のある存命中の芸術家たちの名前を知るために、さらには——というのもこうした領域では判断を極端に主観化しても恐れる事などないだろうから——調査対象となる各人が最も大きな魅力を感じている五点から十点の今日の造形作品がどのようなものかを知るために、最も感度の良い若者のいる様々な環境に対して調査を開始することを決心するだろうか。このような調査が思いがけない結果をもたらすだろうことを、過去ではなく未来を[*7]わがものとしている芸術家たちや数々の作品を暗がりから表舞台へと引っ張り出し、それらにふさわしい地位へと引き上げることになるだろうことを、私は疑わない。

いずれにせよ、自分の視野を広げ現代絵画の初歩をいささか学んだばかりで、現代絵画が私にとって生々しい疑問の対象だった時代に、もしも私自身がその調査に応えることになっていたとしたら、私は自分の選択にほとんど迷わなかっただろう。付け加えれば、十分に拡大された様々な価値観が承認されることを、この選択が予見していたことをその後私は確かめることができた。

当時私が選んでいただろう作品のうちのいくつかをご紹介したい。私が目にした順序に従って作品の名前を挙げてゆこう。一九一三年のサロン・ドートンヌに展示されたマティスの（彼の妻の）『肖像画』[*8]は、その黒い羽根の冠、黄褐色《フォーヴ》の細い毛皮地、エメラルド色のブラウス（髪の毛はカフェオレ色ではなかったか？）を――それ以来ついぞ見かけたことがないにも関わらず――私は忘れることができないだろう。これこそが私にとって事件＝作品の完璧な例である（やがて私が何度も見かけることになる、リシュパンス通りの旧ベルネーム画廊に何年も掛けられていた『生きる喜び』や『ダンスのあるナスタチウム』ですら遥かに越えて）。

ドランの『騎士Xの肖像』[*9]。私はオリジナルに一度も近づくことができなかったが――ひとつ前の作品と同様、旧シチューキン・コレクションに入りモスクワにしまいこまれてしまったのだ――引かれたカーテンと、両手に持って広げられた「ル・ジュルナル」紙との間に位置する人物の奇妙なバランスは長い間私を当惑させ、私を捉えたのだった。同芸術家の巨大な『前線のキャバレー』が一九一八年頃彼のアトリエの壁にあったが、それがどうなったのか私には分からない。

キリコの『子供の脳髄』[*10]。ラ・ボエシー通りでポール・ギヨーム画廊のショーウィンドーに展示されていた折にこの絵は私の注意を引きつけ、それを心ゆくまで眺めるために私はバスを降りざるを得なくなってしまったほどなのだが、この絵はその日以来私のもとを離れたことがなかった。私がそれを入手して数年の後、とある展覧会の際に、この絵画は同じ場所に戻らなければならなくなった。その折にイヴ・タンギーもまたバスに乗ってそこを通りがかったのだが――私はまだ彼を知らなかった――彼が私と同じ反射的行動を取ったという事実は、このような呼びかけに客観性を与えるに足るものである。

ピカソの『クラリネットを持つ男』[*11]、そして静物を組み合わせた木製の彼の並はずれた構造作品（一九一三―一九一四）――こちらはひどく物足りない写真画像以外にその名残を何ひとつ留めなかったようだ。『シュミーズの女性』[*12]（一九一五）。これは『黄金の乳房の女性』

とも呼ばれている。

ピカビアの『アメリカ娘、ウドニー』[*13]。

その後、これらの作品に以下の作品が付け加えられることになった。

デュシャンの『彼女の独身者たちによって裸にされた花嫁、さえも』[*14]。私にとってはこの作品において、現代的伝説の物語群の大部分が閃光を放って成就されているのである。

マックス・エルンストの最初の「コラージュ」群。ケルンから郵送で届くと、その何枚かは一晩中私たちの目を驚嘆させたのだった。

一九一四―一九二五年のミロの絵画、すなわち『耕地』[*15]、『カタルーニャの風景（狩人）』[*16]、『アルルカンの謝肉祭《カーニヴァル》』[*17]。皆どれも率直で、反抗的で、確信に満ちており――狂喜している。

以上が私にとって舞台の前面にあったものであり、今日、若い目にとってはどういったものがこれらのものに相当するのかを私は知りたいのである。

私は自分でうまく説明できないある欲求に従ってきたし、これからも従うことだろう。それは絵画を「所有する」という欲求である。それは、かなり月並みに、自分の好きな時に絵画作品をうっとりと眺めたりその角度を変えたりできるようになるため、ということもあるかもしれないが、それよりも遥かにむしろ、私の目から見てその絵画作品が特別に保持しているある種の力を我が物にすることを期待してのことだと思う。しかじかの絵が私に及ぼす魅惑力を起き抜けの試験でテストできるよう、夜のうちに寝床の前の壁にその絵を吊るしておく、ということを私はしょっちゅう行った。こうして、ブラックによる一九一二年の淡黄色《ブロンド》の作品群が最も幸福な波動を与えてくれるということを確かめることができたのだった。先ほど提案した調査は、個人的嗜好に関する看過できない手がかりを提供してくれるこの明け方の問いかけにまで広げられるべきだろうと私には思われる（作品のオリジナルがなければ良質のカラー複製でも、必要とあらば、判断を可能にしてくれるだろう）。

生涯の内で我が家に招きいれるのに成功した全ての絵を保持することなど到底できなかったので、離ればなれになることが耐え切れないほどつらいというわけでもなかった絵と、私とは別の誰かの幸運に委ねざるを得なかったことがずっと悔やまれ続け、さらにはそのために自分で自分を許すことがなかなかできないでいる絵との違いが、私にははっきりと分かる。後者の中では、キリコの『通りの神秘と憂愁』[*18]、ピカソの『マンドリンを持つ女』[*19]、そして中でもデュシャンの『花嫁』[*20]を挙げるにとどめておこう。

長く続いたこともあれば束の間のつきあいに終わったこともあるが、私が画家たちと保った交流は私の人生に大きな刻印を残した。私の初期詩篇のひとつ（一九一六）はアンドレ・ドランに捧げられているが、一九一四年の戦争より以前の彼の作品は私に長期にわたる影響を及ぼしたのだった。ボナパルト通りの彼のアトリエで、芸術と中世的思考に関する素晴らしい独り語りの合間に彼は私にタロットを読み解いてくれるのだが、そうやって彼と差し向かいで過ごした時間は私の中では特別な思い出となっている。ただちに心沸き立つものとなったヴラマンクとのあの接触を私は思い出す。一九一八年にアポリネール側からの使いで『時の色』の舞台セットはどこまでできているのかを尋ねに私は彼のもとを訪ねているのだ。彼の数々の幻想的な物語の鮮やかさはまだ私の耳に残っているが、それは日々の生活に想を得たもので、その物語にまず彼自身が怯えてしまうのである。一九一九年春のある朝、天文《オプセルヴァトワール》台大通りのベンチで、『リテラチュール』誌に掲載されたばかりのイジドール・デュカスの『ポエジー』をまさに見出さんとしているモディリアーニの傍らに座っていた自分のことを、私は思い出す。彼ほど素早くその重要性を把握した者はいなかったし、彼以上に明晰で熱烈な眼差しをその謎めいた作品に最初から注いだ者はいなかった。この上なく熱烈な自然観が引潮のように鳴りを潜めて豪華なカシミヤとなってしまうスーティン[*21]の、初期風景画群に通底するものを詳細にたどることができなくなることを恐れて、画商であり詩人でもある気の良いズボロフスキー[*22]のもとに非常に足繁く通っていたことを私は思い出す。竪琴の木枠の中でぷっつりと切れそうなほどきつく張りつめられた弦のようなブラックの内面の激しい不安が、彼と最初に出会った頃のことを思うと私の中に鮮やかに蘇る。私には核心《クール》／心臓へと向かうありうるものの全血流のように見えることが非常に多かったあの霊感《ヴェーヌ》／静脈に関してピカソが私に打ち明けてくれたことを想起するだけで、それぞれ負けず劣らず強烈な数多の感動が私を襲うのだが、そのことについてささやかな説明を行おうにもその感動が余りに多過ぎる。彼が彼自身の領地を破壊して回る振舞いに出ようとする前に、一九一三―一九一四年の驚異的なキリコと知り合えなかったことに、私は今でもさらに深い後悔の念を抱き続けており、彼の光り輝く次の文章――私が持っている彼のとある未発表の手稿からの抜粋だ――について、私は必要なだけ憂愁を抱えつつ考え込んでしまうことがある。「ギリシア人たちが神を天空の中に想像することはまれであった。彼らはとりわけ高所に神を見ていたのである。これがギリシアのオリンポス山の考え方である。空色の眼差しを持つゼウスは最高峰に位置している。神の上半身の表現は蒼穹の青緑色の奥底を遠く押し返す。神自身はその奥底の中にはいない。彼はその奥底をさらに謎めいたものにするのに役立つだけなのだ。聖書におけるモーセの伝説は、同じ意識をもっと重苦しい方法で伝えている。自分の顔を見せることで預言者を死なせてしまうことを恐れたエホバによって穴に閉じ込められたモーセは、その後で、離れ行く神の後ろ姿を見る。[*23]啓示の本源はここにあるのだ。おそらくは、抽象の努力をより一層行い、物質と物質の意味との曲がり角を曲がれば、永遠の地点が出現するのだろう、神が流したはずの澄み切った嬉し涙のように空間の中に輝いて。」

四半世紀の間本当に私の戦友となってくれた芸術家たちをここで想起することはできないので——そんなことをすれば私は余りに遠くまで行ってしまうことだろう——次のことを自画自賛しておく。一九三三年のカンディンスキーのパリ到着に最初に敬意を表したのは私であり、サロン・デ・シュルアンデパンダン[*24]においてシュルレアリスムの主賓招待客となることを彼に承諾してもらった、つまり現在彼の受けている別格扱いを遥か何年も前に先取りしていたのであり、彼がまだ健在だった頃に私は彼の目をこう賞賛したのだった。彼の「素晴らしい目は、眼鏡のレンズの後ろにあって濁ることはほとんどなく、(それは)空気と一緒に純粋な水晶を形成して、石英の中にある金紅石のあらゆる虹色の輝きでまたたいている。この目こそは——と私は断言したものだ——本当に最初の人々のうちの一人の目、視覚の最も偉大な革命家のうちの一人の目なのだ。[*25]」

パリ、一九五二年三月[*26]

訳註

本文章の初出は美術雑誌『二十世紀』第三号（一九五二年六月）で、「アポリネール以降の芸術と詩」特集号の雑誌記事のひとつとして発表された（André Breton, « C'est à vous de parler, jeune voyant des choses... », *XXe siècle*, n° 3, juin 1952, pp. 27-30)。本雑誌は、図版は豊富であり画質も高いが、添えられたキャプションには誤りが多い。ブルトンによる本エッセーのページには合計五点の図版が含まれ、ピカソの木製コンポジション作品『ギターとバスの瓶』（一九一三）以外の四点はブルトンの手掛けた立体作品の図版だった。『象徴的機能を持つオブジェ』（一九三一）には問題がないが、羽根を広げたカマキリと乾燥した葉を組み合わせたジャクリーヌ・ランバとの共作『小さな擬態者《ル・プティ・ミメティック》』（一九三六）は制作年が一九三〇年、「破れたストッキングは／魅力を高める」他の語群がちりばめられ、卵から蚕、繭、絹糸への過程が標本で示されているポエム＝オブジェ（一九四一）の制作年は一九三一年、様々な方法で折りたたまれたテーブルナプキンが陳列されている立体作品『客観的偶然に関する報告』（一九三三）に至っては、『象徴的機能を持つオブジェ』（一九三一）と作品名も制作年も誤表記されている。

本テクストは、シュルレアリスム研究の泰斗マルグリット・ボネ監修のもとブルトン没後に出版されたエッセー集『カバリエ投影法』（一九七〇）に収録され、プレイヤード版のブルトン全集もその版を底本にしているようだが、この版にはところどころ雑誌初出時の表記と異なる点がある。本稿は原則としてプレイヤード版を底本とし（André Breton, « C'est à vous de parler, jeune voyant des choses... », *Perspective cavalière, Œuvres complètes*, t. IV, Gallimard, « Pléiade », 2008, pp. 854-859.）、適宜雑誌初出時の情報も注に記す。

＊1　本タイトルは本文中に引用されるポール・ヴァレリーからの手紙の一節で、十二音節詩句《アレクサンドラン》になっている。

＊2　雑誌初出時のみイタリック表記。

＊3　「そんなわけで、私にはひとつのタブローをひとつの窓として見ること以外は不可能であり、まず関心があるのは、その窓が何に面しているのか、いいかえれば、私のいるところからの「眺めは美しい」のかどうか、を知ることなのだ。」［アンドレ・ブルトン「シュルレアリスムと絵画（一九二八）」巖谷國士訳、『シュルレアリスムと絵画』、人文書院、一九九七、一六頁。］

＊4　アルチュール・ランボー「青春Ⅳ」（『イリュミナシオン』）中地義和訳、『ランボー全集』、青土社、二〇〇六、二八八頁。

＊5　雑誌初出時のみイタリック表記。

＊6　「手術車（« automobile chirurgicale »）」は第一次世界大戦中に登場した移動式病院施設に含まれる車両設備。一九一四年秋ごろから次第に整備され、各軍隊に配置されるようになった。ヴァレリーが手紙を書いた一九一六年当時にはまだ新しい語彙であった。

＊7　雑誌初出時のみイタリック表記。

＊8　アンリ・マティス、『画家の妻の肖像』（一九一三）、一四六×九七・七センチ、エルミタージュ美術館（ロシア、サンクトペテルブルク）。

＊9　アンドレ・ドラン『新聞を持つ男の肖像（騎士X）』（一九一一―一九一四）、一六二・五×九七・五センチ、エルミタージュ美術館（ロシア、サンクトペテルブルク）。

＊10　ジョルジョ・デ・キリコ『子供の脳髄』（一九一四）、八〇×六五センチ、ストックホルム近代美術館（スウェーデン、ストックホルム）。

＊11　パブロ・ピカソ『クラリネットを持つ男』（一九一一―一九一二）、一〇六×六九センチ、ティッセン＝

ボルネミッサ美術館（スペイン、マドリード）。

＊12 パブロ・ピカソ『肘掛椅子に座るシュミーズの女』（一九一三―一九一四）、一四九・九×九九・四センチ、メトロポリタン美術館（アメリカ、ニューヨーク、マンハッタン）と思われる。

＊13 フランシス・ピカビア『ウドニー（アメリカ娘、ダンス）』（一九一三）、二九〇×三〇〇センチ、ポンピドゥー・センター（フランス、パリ）。

＊14 マルセル・デュシャン『彼女の独身者たちによって裸にされた花嫁、さえも（大ガラス）』（一九一五―一九二三）、二七七・五×一七七・八×八・六センチ、フィラデルフィア美術館（アメリカ、ペンシルヴェニア州、フィラデルフィア）。

＊15 ジョアン・ミロ『耕地』（一九二三―一九二四）、六六×九二・七センチ、グッゲンハイム美術館（アメリカ、ニューヨーク、マンハッタン）。

＊16 ジョアン・ミロ『狩人（カタルーニャの風景）』（一九二三―一九二四）、六四・八×一〇〇・三センチ、ニューヨーク近代美術館（アメリカ、ニューヨーク、マンハッタン）。

＊17 ジョアン・ミロ『アルルカンの謝肉祭』（一九二四―一九二五）、六六×九三センチ、オルブライト＝ノックス美術館（アメリカ、ニューヨーク、バッファロー）。

＊18 ジョルジョ・デ・キリコ『通りの神秘と憂愁』（一九一四）、八七×七一・五センチ、個人蔵。ブルトンは「神秘」と「憂愁」の語順を入れ替えて表記している。

＊19 プレイヤード版のブルトン全集の注では以下の作品と同定している。パブロ・ピカソ『マンドリンを持つ少女（ファニー・テリエ）』（一九一〇）、一〇〇・三×七三・六センチ、ニューヨーク近代美術館（アメリカ、ニューヨーク、マンハッタン）。

＊20 マルセル・デュシャン『花嫁』（一九一二）、八九・五×五五・六センチ、フィラデルフィア美術館（アメリカ、ペンシルヴェニア州、フィラデルフィア）。

＊21 シャイム・スーティン（一八九三―一九四三）。

＊22 レオポルド・ズボロフスキー（一八八九―一九三二）。

＊23 「また言われた。「あなたはわたしの顔を見ることはできない。人はわたしを見て、なお生きていることはできないからである。」更に、主は言われた。「見よ、一つの場所がわたしの傍らにある。あなたはその岩のそばに立ちなさい。わが栄光が通り過ぎるとき、わたしはあなたをその岩の裂け目に入れ、わたしが通り過ぎるまで、わたしの手であなたを覆う。わたしが手を離すとき、あなたはわたしの後ろを見るが、わたしの顔は見えない。」」［「出エジプト記」第三三章二〇―二三節、『旧約聖書』（新共同訳）。］

＊24 一九三三年一〇月二七日―一一月二六日。

＊25 ブルトンの『シュルレアリスムと絵画』（一九六五）に収録されている「カンディンスキー」（初出は一九三八年二月にロンドンのグッゲンハイム・ジュヌ画廊で開催された展覧会「ワシリー・カンディンスキー」のカタログ）の最後の数行を、多少の修正を加えて引用している。最も顕著な変更点としては、一九三八年の文章では画家の目と眼鏡のレンズとが一体化して「純粋な水晶」を形成していたのに対して、本稿では画家の目と空気がその水晶を形成することになっている。（「カンディンスキーのすばらしい眼は、眼鏡のレンズにもほとんどくもらされず、それとあいまって、一定の角度において、石英のなかの金紅石のあらゆる虹彩で輝く一個の純粋な水晶をかたちづくる。この眼こそは最初の、もっとも偉大な視覚の革命家のひとりの眼だ。」［ブルトン「カンディンスキー」宮川淳訳、『シュルレアリスムと絵画』、前掲書、三二二頁。］）

＊26 雑誌初出時は最終行左端に場所と日付、右端に「アンドレ・ブルトン」の名前が表記されていた。

02

三部会

Les États généraux　André Breton

アンドレ・ブルトン

訳＝前之園 望

下になにがあるのかを言ってくれ　話してくれ
なにが始まるのかを言ってくれ
そしてかろうじて光を捉えている私の両目を磨いてくれ
まるで夢遊病の狩人が目を凝らしてうかがう茂みのようだ
私の両目を磨いてくれ　日の光という種族について私の目をくらます
マジョラムの種莢を弾けさせてくれ[*1]
もしそれが日の光ならば
乳搾りの時刻が数々の牧場を過ぎる時
日の光はそれはもう大慌てで自らの階段を降りて
きらきらとした火花の鉛直線の前にひれ伏すだろうに
常に変わらぬ魔法使いである農場の若い娘たちの間をその鉛直線は指から指へと飛び移る

途切れては絶えず再生するこの見事な糸で私の両目を磨いてくれ
その糸だけを残してくれ　まだらなものは除けてくれ
まるで魚たちの痙攣のもとで水を滴らせている夕暮れの網のような
様々な戦闘からなる遠くの巨大な薔薇窓も含めてだ
私の両目を磨いてくれ　それらが見たあらゆるもののまばゆい塵で私の両目を磨いてくれ
緑の水の入った水差しのそばの巻き毛の肩

朝

朝の下に夜の下になにがあるのかを言ってくれ
四大元素と三界[*2]とは無関係なあの幾多の袋状地の地形学的概要をついに私が得んことを
それら袋状地の体系は生物や事物の素朴な分配を侵犯し
かつ生物や事物の諸々の親近性の秘密を惜しげもなく白日のもとにさらすのだ
海図の上を混ざり合うことなく横切り合う
あの様々な海流に似て
お互いに避け合ったりあるいは抱擁を交わしたりするそれらのものの傾向の秘密を
かつての個別的外観は今や脇に除けられる時であり

マンドリルたちの尻でできたたったひとつの栗の中にたちまちのうちに消えうせてしまう
自らの命を投げ出す覚悟の男たちは部隊ごとにそこから
美女たちそっくり全員と最後の視線を交わすのだ
ソラマメの莢ひとつの白テンの橋によって連れ去られる美女たちと
だが私の両目を磨いてくれ
一粒のアーモンドの中にいちどきに映るあらゆる子供時代の輝きで
そのアーモンドの最奥部遥か彼方には
鍛冶屋の炎が目覚めているのだ
8の間でさえずる鳥をなにものも脅かさないでくれ
木の幾つもの8　鞭の打撃の8の間でさえずる鳥を

あるだろう*3

この泉の音はどこからやって来るのだろう
しかし鍵は扉に残っていなかった
これらの巨大な黒い岩をどうやって移動させようか

その日私は足跡を見失いはしないかと怯え震えるだろう
リヨンの入り組んだ地区の一つで[*4]
ミントの一そよぎ　それは私がもうじき二〇歳になろうとしていた頃
私の前には夢うつつの道があり陰気に幸せそうな女性がひとりいる
おまけに様々な風習が大いに変わるだろう
大いなる禁止が解かれるだろう
一匹のトンボ　一九五〇年に人は私を聞き理解するために奔走するだろう
その分岐点で
私の気づいた最も美しいものは眩暈である
そして毎年五月二十五日午後の終り頃に年老いたドレクリューズが[*5]
いかめしい顔つきでシャトー＝ドーの方へと降りていくのだ
まるで暗がりで鏡のカードを混ぜているようだ

つねに

ああほら解放の内に既に含まれた翼の再落下だ

たちまち全き恐ろしさを示すアーチ型天井だ
手回しオルガンの設計図を蝕む
錆びた滑車《プリ・ルイエ》*6のそして意気地《プレ・ムイエ》なしの言葉だ
そろそろ人は立ち止まるべき頃だ
不死鳥がカゲロウの群れでできているということを
理解し始めるべき頃だ
私に最も同情の念を抱かせる物乞い的な考えの一つは
時系列の混同《アナクロニスム》に不満をぶつけることができると信じることだ
あたかも自在に相互交換可能な因果関係のもとで
そして自由を探究しているのであればなおのこと
正当と認められている見解に反して
記憶をそして記憶と共に沈殿する全ての重きものを
想像力の副産物と見なすことは
許されていないかのようだ
私を見つめる瞬間に私が全く別人になっていたなんてことが起きるには
一滴の忘却があれば——それは珍しいことではない——事足りるし

私が予想外の姿で私に受け継がれるなんてことが起きるには
別の一滴があれば事足りるとは言え
私が私であると安定的に信じる根拠が
あたかも私にはこれっぽっちもないかのようだ
さらにあたかも数々の誘惑と失神とを備えた大がかりな装置を持つ危険ですら
結局のところ警戒すべきものではないかのようだ

シャベルがひとつ

空洞レンガの裂け目が生石灰に笑いかける
この上なく欲情をそそる口々が初めてお互いにゆだねられた時
空気はそれらの吐く息を混ぜ合わせる
そして職人の動きは若々しい　どうやら
太陽の原動力が用いられたことは一度もなかったらしい
飛躍へのかすかな意志に満ち一面にざわざわと震えている
ひとつの垣根が愛の寝室を横切る

その時グリフォンたちはそれぞれの足場を離れる
見せてくれもっと見せてくれ
そのさなかグリフォンたちは渦という渦を結びつける
町一つの大きさから爪ひとつの大きさまで様々なサイズの
火山や急流の数々を
グリフォンたちは産業的企業の世界的合併の中
人間を意のままに操り人間の関節をしっかりと働かせる
そしてなんとも奇妙なことに人間から同意を得る
原始的な待ち伏せ猟の隠れ場から受け継がれた緊張感の中
微に入り細にうがって
まばたきに至るまで人間が抑圧することの同意を
人間にはもともと力が備わっているというのに
もはやグリフォンたちにひたすら忍従するのではなくそれらを生の奥底で暴くだけの力が
そして労働者は
詩人の目から見れば学者に劣らず偉大である[*7]
エネルギーを純粋な状態に導くことだけが重要だったのだ

全てを澄み渡らせるためには
人類の歩みに塩の縁飾りをつけるためには
民衆こそが全てであると理解され民衆が全てになることで事足りたのだ
民衆が調和のとれた普遍的依存関係の方向へと成長するためには
さらに世界中の肌の色そして顔立ちのヴァリエーションが
民衆の力の秘密はそれぞれの人種の土着の精霊への自由な呼びかけにあるのだと
民衆に告げることになるには
その告知はまず黒色人種と赤色人種へと向かう
なぜなら彼らは長い間最も侮辱されてきたからだ
最も近しい男女がお互いに見つめ合っても
女性は束縛を受け入れず男性は自分の敗北を読み取らないようになるためには
揺れ動く建築現場　最初の光に鼓動する建築現場
謎なのは打ち壊しているのか築き上げているのか分からないことだ

風に吹かれて*8

暗く輝かしい時代にジャージー島ガーンジー島が[*9]
メロディ溢れる二つのカップ[*10]を上げ潮の中に再現する
一方の名前は人口に膾炙し
もう一方はいささかも汚されたことはない
そして後者はありふれた家庭的光景の一端を披露する
ランプの下で一人の青年がある老婦人に本を読んでいる
しかしお互いになんという熱心さだろう　彼の内にはなんという激情があるのだろう
万が一にも彼女がファーブル・ドリヴェの女友達だったのだとすれば
そして万が一にも彼がサン＝ティヴ・ダルヴェードルの名前を纏う運命なのだとすれば[*11]
そして水晶の巣穴の中にいる蛸は[*12]
渦の巻き方においても音の響きにおいてもかなわない
ヘブライ語のアルファベットには[★1][*13]　昨日の詩的方針とされていたものを私は知っている
それはもはや今日では有効ではない
軽妙な小唄《シャンソネット》の類は天寿を全うしようとしているところだ
お出かけ前にしっかり着込むことをお勧めします
四分の三頭分の牛肉によって裁判が行われている間に

チカチカ瞬く部屋の中で拍子を合わせてことことと煮込まれた
そんな前時代のどろりとまずい汁粥にはもう満足しない方がよいだろう
今度こそ決定的に詩《ポエジー》は廃墟から再び立ち現れるべきだ
エスクラルモンド[14]の装いと栄光に包まれて[15]
そしてエスクラルモンドの役割を公然と引き受けるべきだ
なぜなら私たちの心の中のエスクラルモンドの魂には
平安などあり得ないからだ　そしてエーデルワイスが
エスクラルモンドの息吹を湛える絶壁の前では
エスクラルモンドの馬の蹄の鋲としてふさわしくない言葉は死滅するからだ
闇夜を見通す視覚《ヴィジョン》は大したものだった　重要なのは

★1　そう甚だ真に偉大なのだ　侯爵の表面的人物像には
人を不快にさせかねない一面があるにもかかわらず
この留保は蛸の見世物師にも有効であり不愉快なあれこれが思い浮かぶ
彼の岩　彼の回転テーブル　彼は足をつかまれるのを感じた
しかし私は構わない　かつてないほどに　趣味を言っても始まらない

今やその視覚を物理的なものから精神的なものへと拡張することだ
そこではその視野は無限に広がることだろう
イメージの数々は私の気に入った　それは不当にも評判の悪い
いたずらに体力を浪費する技術だった
しかし全ては共犯以上の共犯関係にある　共謀の数々は際立って劇的でありかつ巧妙だ
すぐに分かる通り私は今しがたエスキモーの仮面を見た
それは雪の下の灰色のトナカイの頭で
その獣には狩人が遠くにいるように見えていることになっているかのように右側の耳と目
　との間にごく小さなばら色の狩人が待ち伏せている点を除けば写実主義的構想に基
　づいている

しかしヒマラヤ杉の柄のついた混じりけのない金属の
素晴らしい刃／絵札《ラム》
峰／裏面《ド》はエジプト風でぎざぎざの波型模様をした
一四世紀の反映の中にある刃／絵札《ラム》が
たった一枚でそれを示すだろう

来るべき日々のタロットの生き生きとした図像の一つによって
イタリア拳遊び《ジュ・ドゥ・ラ・ムール》＊16よりも
そして愛の戯れ《ジュ・ドゥ・ラムール》よりも敏捷な
つかむと同時に放す動作をしている手

砂漠のなかには

顔を上げない放浪の民の諸部族が通り
私は彼らの中にいる　私がこれまでに知った全てのことに鑑みれば
彼らは手術医のように顔を覆っている
非常に風変わりな妻を連れた古い時代の両替商たち＊17
眼差しの表情に限って言えばその妻たちが何人も
三世紀遅れてシテ島周辺をさまようところを私は見た
あるいはそれはセーヌ川のきらきらした光だ
鯛の鱗を落とす瞬間に両替商たちは
動きを止める　なぜなら私は彼らよりずいぶん多く両替しなければならないからだ

そして死者たちは巣の型を取りに舞い戻る卵だ
私は戻るために先手を打つような多くの生者たちとは違う
私は行く者だ
人が私の墓の上に無理に十字架をつけることはないだろう
そして私を北極星の方へと向けることだろう
しかしあらゆる遺言は許し難い妥協を前提とする
あたかも私を地上へと結びつける指輪の石座の中に
私の思った通りにこの地上が私と共に完全溶解することを私に保証してくれる
東洋の毒の至高の雫が宿っていないかのようだ　この完全溶解は
神聖なるサドが私たちに勧める逃走よりも傲慢ではないまでも根本的《ラディカル》な逃走だ
自分の永眠の地の場所を隠す手間を
サドは彼以来紋章となったドングリに託している
なぜなら私は信じたいからだ　と彼は言う
私に関する記憶が人々の精神から消え去るだろうということを*18
裏か表か　表ならどんな肖像画もどんな製造年度も免れたありのままの硬貨／作品《ピエス》
裏なら

感じられぬほどかすかなしかし抗いがたい最善を目指す性向

私はただもう地面に巨大な四辺形の図を描くだけだ
中央の左側には黒い楕円形を
人間及び人間の抱える諸問題のせいで
配電区域の電流が切れてしまった際に
灯りの消える前にフィラメントが見せる姿のように白熱した線条が張り巡らされて[*19]
タバコの花の装飾的な輪郭の中に書き込まれた黒い楕円形を描くだけだ[*20]
それからひとつひとつ順番に[*21]
それぞれの辺に面しつつ線対称に配置された
帯で四度巻かれた四つの丸い頭を描くだけだ
額の包帯を黒い半仮面を青い猿ぐつわを黄色い顎当てを描くだけだ
両目の裂け目と口は黒だ
下は過去　過去には牡牛の黒い角が生えていてその両先からはカラスの羽根が舞い降りる
頂点と最下部からはある種の目のリラ色ハシバミ色の糸がほとばしり出る
左は現在　現在には牡牛の白い角が生えていてそこからは雁の羽根が再び落ちる

現在は一枚のスペイン風ヴェール《マンティラ》しかしまさしく太陽＝人間を高揚させる広大無辺に震えるマンティラである君の名前の香りがする人生のように所々雲母で輝き私は東方の三博士たちが現れ続ける君の唇のその下り勾配の部分に魅せられて目を伏せる
上には未来　未来には牡牛の黄色い角が生えていてフラミンゴの羽根を投げつけている
未来には世界の変革のためのワラの稲妻がのせられている
右には永遠　永遠には牡牛の青い角が生えていてその先端では極楽鳥の羽根がくるくると輪を描いている
南西北の縁に接して靄の円弧が一本滑らかに伸び二つのカワセミの扇に通じている　この円弧は最初の三つの頭を包囲し四番目の頭にはかからないが花粉エリアの上でこの四番目の頭はバラの棘でとめられた星鼻モグラ[*22]の張り皮に守られている
ここを通って人は入るのだ
人が入る　人が出る
人が入る

人は出ない

夢から[*23]

だが光が戻ってきた
煙草を吸う快楽
青と赤の斑点を持つ灰の仙女＝クモは
数ある自らのモーツァルトの家[*24]に決して満足しない
傷は癒える　あらゆるものがあの手この手で見分けてもらおうとする　私は話す　そして
　君の顔の下では海底から数々の真珠を呼び寄せた影《本影》の円錐が回転する
瞼が唇が日の光を吸い込む
闘技場《アリーナ》は空っぽになる
鳥たちのうちの一羽は飛び去る時に
ワラと糸とを忘れようとはしなかった
一群はスケートをするのが良いと思うのが関の山だった
矢が飛び立つ
一つの星　夜の毛皮の中に消えゆく唯一つの星だ

ニューヨーク、一九四三年十月

訳註

本訳稿は底本としてガリマール出版社のプレイヤード版アンドレ・ブルトン第三巻を注も含めて参照し、必要に応じて初出雑誌『VVV』第四号（一九四四）、ブルトンが一九四八年に出版した『詩集』、現在文庫版で流布しているガリマール出版社「ポエジー」叢書の『上昇記号』（一九九九）（初刷は一九六八年で収録作品『星座』のミロの図版が白黒だった）の各該当ページを参照した。Cf. André Breton, « Les États généraux », *Œuvres complètes*, t. III, Gallimard, « Pléiade », 1999, pp. 27-34 ; *VVV*, n° 4, 1944, pp. 2-7 ; *Poèmes*, Gallimard, 1948, pp. 211-223 ; *Signe ascendant*, 1999 (1968), pp. 64-74. 既存の邦訳としては長らく大槻鉄男氏の訳があり［アンドレ・ブルトン「総目録」大槻鉄男訳（『アンドレ・ブルトン集成』第四巻）、人文書院、一九七〇、一九二―二〇九頁］、また昨年末には塚原史氏による抄訳も出た［アンドレ・ブルトン「革命三部会」塚原史訳、『ダダ・シュルレアリスム新訳詩集』、二〇一六、思潮社、九〇―九一頁］。本訳稿を作成する際に大いに参考にさせていただいた。心より御礼を申し上げる。

＊1　マジョラムはハーブの一種でシソ科の多年草。

＊2　フランス語原文では「元素 « éléments »」と「界 « règnes »」のみで数字は入らないが、〈地・水・火・風〉の四大元素と、〈動物界・植物界・鉱物界〉の自然三界のこととして訳した。前者は物質の仮説的最小単位、後者は博物学的な自然界の分類方法であり、時代や地域によってそれぞれ数は変動するが、いずれもこの世界の仕組みを説明するために古来採用されてきた合理的枠組みである。ブルトンは、現代科学にまで通じるこのアプローチとは別の仕方でこの世界を捉えようとする。そのために彼が採用したのが詩的

アナロジーであった。Cf. André Breton, « Signe ascendant », *La Clé des champs, Œuvres complètes,* t. III, Gallimard, « Pléiade », 1999, pp. 766-769.［アンドレ・ブルトン「上昇記号」『野をひらく鍵』粟津則雄訳（『アンドレ・ブルトン集成』第七巻）、人文書院、一九七一、一七一—一七七頁。］

＊3 作品を通して太文字で現れる語群をつなげて読むと「夢の／砂漠のなかには／風をすくう／シャベルがひとつ／つねに／あるだろう « Il y aura / toujours / une pelle / au vent / dans les sables / du rêve »」という、いわゆる「覚醒時フレーズ」になる。日本語とフランス語では語順が異なるが、フランス語の語順に従って訳し、作品の文脈によっては訳に多少の変更も加える。

＊4 フランス南東部でスイスに接するローヌ＝アルプ地方の中心都市。その規模からフランス第二の都市と言われている。「カニュ « canut »」と呼ばれる絹織物職人の伝統が長く、「三部会」に通底する〈織物〉のテーマ系に呼応しているのかも知れない。また、カニュ達はクロワ＝ルース地区に住んでいたが、この地区は「トラブール « traboule »」と呼ばれるリヨン独特の建築構造が特に複雑に入り組んでおり、土地に慣れていない者には地区全体が立体的迷路になっているような印象を与える。「リヨンの入り組んだ地区」と言う表現は、クロワ＝ルース地区を念頭に置いたものかも知れない。

＊5 ルイ・シャルル・ドレクリューズ（Louis Charles Delescluze 一八〇九—一八七一）は、一八七一年三月に成立した史上初のプロレタリアート独裁自治政府であるパリ・コミューンの重要人物のひとり。パリ・コミューンは二か月余りでヴェルサイユ政府軍によって鎮圧され、ドレクリューズは五月二十五日にシャトー＝ドー広場（レピュブリック広場）で射殺された。Cf. Étienne-Alain Hubert, « Notes » pour les « États généraux » dans André Breton, *Œuvres complètes,* Gallimard, « Pléiade », 1999, t. III, pp. 1158-1159.

＊6 原文では « polie rouillée《ポリルイエ》 »（文法的に問題はあるが直訳すれば「磨かれて錆びついた」）だが « poulie rouillée《プリルイエ》 »

の誤植と思われる。このセクションの皮きりとなる太字単語「つねに « toujours《トゥジュール》 »」に含まれる « ou《ウ》 » の音が皮肉めいた表現とともに四度繰り返され、「つねに」という単語に対する詩人の留保が示されている。

＊7 複数の研究者がこの個所にブルトンの提案する新しい三部会の三身分（「労働者」・「詩人」・「学者」）を見出している。サン＝ティヴ・ダルヴェードルの著作からこの発想を得たと後にブルトンは語っており、作品内の他の詩句で密かに参照されているダルヴェードルの著作『真実のフランス』（一八八七）でも三部会について詳しく論じられている。Cf. Marie-Claire Dumas, « “ Les États généraux ” d'André Breton, “ idée-limite ” ou “ idée-somme” du surréalisme ? » in : *Textuel*, n° 28, *La Digression*, revue de l'UFR Lettres, Arts, Cinéma de Université Diderot Paris 7, 1994, p. 45 ; Étienne-Alain Hubert, « Notice » pour les « États généraux » dans André Breton, *Œuvres complètes*, Gallimard, « Pléiade », 1999, t. III, p. 1155.

＊8 作品内に太文字で登場する「覚醒時フレーズ」を通して読む場合には「風をすくう」となる語群（« au vent »）だが、ページ上の配置では、続く詩句に登場する「ジャージー島」・「ガーンジー島」との結びつきが強いため「(二つの島が) 風に吹かれて［……］再現する」と訳す。

＊9 二島ともに英仏海峡のイギリス領チャンネル諸島に属する。ヴィクトル・ユゴー（一八〇二—一八八五）は反ルイ・ナポレオン（ナポレオン三世）を標榜したことで弾圧を受け、一八五一年末—一八七〇年の十九年に及ぶ亡命生活を強いられるが、まずベルギーのブリュッセルに亡命した後に、一八五二年にジャージー島へ、次いで一八五五年にはガーンジー島（共にイギリス領）へ亡命し、旺盛な執筆活動を行った。政治的発言をくり返したために自らも当局から弾圧を受けてニューヨークへと亡命していたブルトンは、ユゴーに対して当時深い共感を抱いていた。また、サン＝ティヴ・ダルヴェードルも一八六四年から五年間ジャージー島に滞在し、その際にユゴーにも会っている。Cf. Jean Saunier,

Saint-Yves d'Alveydre ou une synarchie sans énigme, Dervy-Livres, « Histoire et Tradition », 1981, pp. 75-76.

＊10　プレイヤード版の注は「二つのカップ « deux coupes《ドゥクプ》 »」が音声的に〈二組のカップル « deux couples《ドゥクプル》 »〉を想起させると指摘している。すなわち、ユゴーと彼の亡命にも付き従った愛人ジュリエット・ドゥルエ（「人口に膾炙」している方の「カップ（ル）」）、それからサン＝ティヴ・ダルヴェードルと彼がジャージー島で知り合い頻繁に対話を交わすことになる老夫人ヴィルジニー・フォール（「ファーブル・ドリヴェの女友達」）の二組の男女で、「メロディ」の語はそれぞれの間で交わされていた対話を連想させると言う。Cf. Étienne-Alain Hubert, « Notes » pour les « États généraux », *op. cit.*, p. 1159.

＊11　アントワーヌ・ファーブル・ドリヴェ（Antoine Fabre d'Olivet 一七六七—一八二五）は神秘思想家で『復元されたヘブライ語』（一八一五）などの著者。サン＝ティヴ・ダルヴェードル（Saint-Yves d'Alveydre 一八四二—一九〇九）も後代の神秘思想家で、ドリヴェの著作に強い関心を持っていたが稀覯本のために長らく読むことができなかった。しかし、ジャージー島で出会い友人となった同い年の詩人アドルフ・ペルポールの祖母ヴィルジニー・フォール（Virginie Faure）が、実は生前のファーブル・ドリヴェと非常に近しい間柄であり、彼の著書も家の戸棚に所持していることが明らかになる。ダルヴェードルはフォール夫人の家に通い、彼女の前でドリヴェの著作を大声で朗読しては、彼女から作品にまつわる詳細な情報を聞き出していた。ダルヴェードル自身がその著書『真実のフランス』（一八八七）の中で次のように述べている。「大風に荒れる大西洋の波音を受けながら、私はファーブル・ドリヴェの著作を大声で読み上げるのだった。夜の読書会は余りにもすぐに終わってしまい、私は次の日の読書会が早く来ないかと待ち焦がれたものだった。もっと読み進めて、我が偉人にまつわる秘話を、彼の研究した数々の秘儀のことを、彼が復元した多神教の宗教のことを、彼の不可解な死のことを、狭量な憎悪によって

燃やされてしまった彼の手稿全てのことを、彼が最後に願っていたことを、いつまでもずっと聞いていたかった。」(Saint-Yves d'Alveydre, *La France vraie*, Calmann Lévy, 1887, p. 89-90.)

＊12 当時ブルトンは、亡命中のユゴーがガーンジー島で執筆した『海に働く人びと Les Travailleurs de la mer』(一八六六)を読み返していた。プレイヤード版の注は、この詩句は同小説内でジリヤットがドーヴァーの岩場で見つけた、巨大蛸の住処である花崗岩の洞窟の暗示だと指摘している。Cf. Étienne-Alain Hubert, « Notes » pour les « États généraux » *op. cit.*, p. 1159.

＊13 プレイヤード版の注によれば、この個所ではファーブル・ドリヴェの著作『復元されたヘブライ語』(一八一五)が想起されている(Fabre d'Olivet, *La langue hébraïque restituée*, Eberhart, 1815. フランス国立図書館の電子図書館ガリカ(Gallica)で初版の閲覧が可能：http://gallica.bnf.fr/ark:/12148/bpt6k647859.pdf [二〇一七年三月三十一日])。独特な曲線からなるヘブライ文字の形状と軟体動物である蛸の曲線とが対比されている。サン＝ティヴ・ダルヴェードルは亡命中のユゴーにも出会っていたが、ドリヴェの著作の方が彼の心を捉えていたことが暗示されていると言う。Cf. Étienne-Alain Hubert, « Notes » pour les « États généraux » *op. cit.*, p. 1159.

ブルトンが五行詩形式で付した原注にある「留保」には、「ダルヴェードル」という侯爵の爵位に対する反感が表現されていると思われる。この爵位は生まれながらのものではなく、彼は一八七七年にマリー・ヴィクトワール・ケレル伯爵夫人と結婚し、『真実のフランス』の記述を信じれば一八八〇年に「ダルヴェードル侯爵」の爵位を与えられた(ちなみに当時離婚して独身だったケレル伯爵夫人はオノレ・ド・バルザックの妻エヴェリーナ・ハンスカの姪にあたる)。Cf. Jean Saunier, *op. cit.*, pp. 107-140.

ブルトンは、自らの意志で社交界へ接近したダルヴェードルの姿勢には不快感を覚えるが彼の著作にはそれでも偉大なものがある、とほのめかしているのだろう。また、プレイヤード版の注の指摘する通り、強調部分は『海で働く人びと』からの引用であり（登場人物のひとりが巨大蛸の犠牲となることが暗示される場面）、「蛸の見世物師」とは『海で働く人びと』の作者ヴィクトル・ユゴーを指していると思われる。Cf. Étienne-Alain Hubert, « Notes » pour les « États généraux » *op. cit.*, p. 1159. 彼が日本でのコックリさんにあたる降霊術「回転テーブル」を亡命先で頻繁に実践していたことは良く知られている。「彼の岩」に関して言えば、ユゴーの次男シャルルがジャージー島で撮影した「〈追放者たち〉の岩」と呼ばれる巨大な岩山の上に座るユゴーの写真（『〈追放者たち〉の岩の上のヴィクトル・ユゴー *Victor Hugo sur le rocher des Proscrits*』）、その岩山の隙間に立ちポーズを取るユゴーの写真（『〈追放者たち〉の岩の中のヴィクトル・ユゴー *Victor Hugo dans le rocher des Proscrits*』）などの亡命中のユゴーの肖像写真（いずれも一八五三年頃）が想起される。

＊14 「エスクラルモンド « Esclarmonde »」は女性の人名。ブルトンは『秘法十七』（一九四七）の「透かし彫り」末尾に、ジャン・リシェの著作『ジェラール・ド・ネルヴァルと秘教の教理』（一九四七）を経由して「エスクラルモンド・ド・フォワ」（十三世紀にカトリックからは異端とされるキリスト教カタリ派に改宗した実在の人物）の名前を引用している。また、ミロとの合作詩画集『星座』（一九五九）においては、十三―十四世紀に書かれた武勲詩『ユオン・ド・ボルドー』を下敷きにした第十四番目の詩篇「薄明の目覚め」に、祖国も宗教も捨てて主人公ユオンを愛するようになるヒロイン「エスクラルモンド」の名前を登場させている。しかし「三部会」に登場するエスクラルモンドは両者いずれの人物にも当てはまらない。ブルトンは語源的に「世界を照らす」というニュアンスを持つその名前の響きに反応して、廃墟から復活するポエジーを象徴する彼独自の詩的フィギュールを生み出したのだと思われる。

＊15 原文では、行末に「エスクラルモンド」という単語が置かれた詩句が以下五行続く。

＊16 二人で一斉に指を立てると同時に数を言い、立った指の数の合計を当てるゲーム。

＊17 プレイヤード版の注は、この詩句が、ルーヴル美術館所蔵のフランドル画家クエンティン・マサイス（一四六六―一五三〇）による絵画『金貸しとその妻』（一五一四）（Cf. ルーヴル美術館 HP : http://www.louvre.fr/jp/oeuvre-notices/《金貸しとその妻》［二〇一七年三月三十一日］）を暗示していると指摘している。ブルトンが「三部会」の執筆を開始する少し前に、雑誌『ヴュー』（一九四三年六月）にエティアンブルがこの絵画に関する図版入りの論文を掲載しており、その記事の記憶に由来する表現だと言う。Cf. Étienne-Alain Hubert, « Notes » pour les « États généraux » *op. cit.*, p. 1160.

＊18 サドの遺言の最後の一節。サドは自分の遺体を木製の棺に納めマルメゾンの森の茂みに埋めた後に、墓の上にドングリを播き、時と共に茂みに埋もれるようにするよう指示している。この遺言はブルトンの『黒いユーモア選集』（一九四〇―一九五〇―一九六六）の「D=A=F・ド・サド」に収録されている。Cf. André Breton, « D.-A.-F. de Sade », *Anthologie de l'humour noir*, *Œuvres complètes*, t. II, Gallimard, « Pléiade », 1992, p. 892.［アンドレ・ブルトン「D=A=F・ド・サド」窪田般彌訳、『黒いユーモア選集1』、河出書房新社、河出文庫、二〇〇七、六〇頁。］

＊19 産業的発展がめざましかったアメリカではインフラ整備が追い付かず、ニューヨークでも当時しばしば停電が起きた。「三部会」掲載の前号にあたる雑誌『VVV』第二―三合併号（一九四三）に掲載されたブルトンの詩「最初の透明者」も「なんてことだ、またヒューズがとぶなんて」という詩句で始まっている。Cf. 前之園望「「松明を渡す」こと――アンドレ・ブルトンの「最初の透明者」」『〈前衛〉とは何か？〈後衛〉とは何か？』平凡社、二〇一〇、二二一頁。また、一九四四年に執筆されたマッタに関する文章にも、

停電の記憶らしい一節が見られる（「一世紀前だったら、電灯のフィラメントの曲線は抽象の極致に見えたことだろう」）。André Breton, « Matta, La perle est gâtée à mes yeux... », *Le Surréalisme et la Peinture, Œuvres complètes,* t. IV, Gallimard, 2008, p. 576.［アンドレ・ブルトン「マッタ　真珠は私の見るところ、そこなわれて……」巖谷國士訳、『シュルレアリスムと絵画』、人文書院、一九九七、二一八頁。］

＊20　プレイヤード版の解説はこの個所を、一九五〇年にブルトンが書いたマックス・エルンストに関する文章内で紹介されている「子宮の断面を花咲く煙草の苗と組み合わせる」十九世紀の医学書の挿絵に関連付けている。（Étienne-Alain Hubert, « Notice » pour les « États généraux » *op. cit.*, p. 1157.）本稿では、フォンリヨン夫人という霊媒によって描かれた、ブルトンの繰り返し紹介するオートマティックなデッサンにも、この詩句を喚起させるイメージが含まれることを紹介しておく。Cf. « Dessin médianimique obtenu par Mme Fondrillon, médium dessinateur dans sa 79e année, Paris, mars 1909 » dans André Breton, « Pourquoi je prends la direction de la *Révolution surréaliste* », *La Révolution surréaliste*, n° 4, Gallimard, 1925 (réédition chez Jean-Michel Place, 1975), p. 1 ; « Dessin automatique, par Mme Fondrillon, âgée de 79 ans. (*La Révolution surréaliste*) » dans André Breton, « Le Message automatique », *Minotaure*, n° 3-4, Albert Skira, 1933 (réédition en trois volumes en fac-similé, v. 1, Albert Skira, 1981), p. 59.

＊21　これ以降に描かれる図像は、直前に描かれた図像とは異なる独立したものとなっており、〈太陽〉を表す砂絵の描写が元となっている。ブルトンの蔵書に含まれる、一九三一年にニューヨークで開催された「インディアン部族芸術展」のカタログ『インディアン芸術概論』内の「太陽の砂絵における象徴的表現の解説（ナヴァホ・インディアンの砂絵）」のページに、「三部会」の詩句と細部に至るまでほぼ同じ内容の英語の記述と砂絵の再現図が見られ、ブルトンはこれを詩的に書き直したものと思われる。

Cf. Mrs. Frances L. Newcomb, "Description of the symbolism of a sand-painting of the sun" ("Sand-Painting of the Navaho Indians") in: *Introduction to American Indian Art, part II*, pp. 8-9. カタログの描写と「三部会」の詩句との比較分析に関しては拙論を参照。Cf. Nozomu Maenosono, *André Breton et les Grands Transparents : la genèse d'un mythe*, thèse de doctorat, Université Lumière Lyon 2, 2016, pp. 207-210.

＊22 「星鼻モグラ « condylure »」は北米に生息するモグラの一種。鼻孔周辺に毛がなく、イソギンチャクのような星形の突起物がある。土の中に生息しながら（実際には完全な地下生活者ではなく泳ぎも得意）、空にあるはずの「星」を身体の一部に持つこの奇妙な生物にシュルレアリストたちは惹きつけられ、一九四七年パリのシュルレアリスム国際展覧会に展示された立体作品の中には、星鼻モグラに捧げられる「祭壇」もあった。雑誌『VVV』第四号では英語イタリック表記（*star nosed mole*）。『詩集』及び『上昇記号』ではフランス語表記、プレイヤード版ではフランス語イタリック表記。

＊23 フランス語原文 « du rêve » の « du » は「夢の」とも「夢から」とも訳せる。作品ページ上では直前の詩句と意味的な結びつきが強いため「人は出ない／夢から」と訳すことにする。

＊24 ヴィクトリアン・サルドゥという霊媒によって描かれたデッサン『木星のなかのモーツァルトの家』を暗示していると思われる。Cf. « La Maison de Mozart dans Jupiter, eau-forte automatique exécutée en neuf heures par Victorien Sardou », *Minotaure*, n° 3-4, *op. cit.*, p. 54.

03

線と糸との物語——アンドレ・ブルトンの「三部会」

Une histoire des lignes, une histoire des fils —— « Les États généraux » d'André Breton　Nozomu Maenosono

前之園 望

瞬間と持続

第二次世界大戦中にニューヨークへと亡命したブルトンは、現地の若手アーティスト、デヴィッド・ヘアーに協力を仰ぎ、英仏バイリンガル雑誌『VVV』(トリプルヴェー)を創刊した。長編詩「三部会」は、その第四号(一九四四年二月)の巻頭に掲載されることになる。ブルトンの詩法は時期によって様々な変化を見せるが、彼が長編詩を手がけるのは一九四〇年から一九四七年までと時期が限られており、その数も決して多くはない。とは言え一九四〇年に既に「余白一杯」と「蜃気楼《ファータ・モルガーナ》」の二篇の長編詩を書き上げていたので、ブルトンは当時、長編詩の制作にある程度は慣れていたはずである。「三部会」に添えられた一九四三年十月の日付に従えば執筆時期は雑誌発表前年の秋と言うことになるが、シャルル・デュイッツは回想録『アンドレ・ブルトンよ通れ、と彼は言った』の中で、夏の思い出のひとつとして、以下の「三部会」誕生のエピソードを紹介している。

その夏デュイッツは、ヘアーがロングアイランドに借りた邸宅に招かれ休暇を過ごしていた。ブルトンの当時の妻ジャクリーヌもヘアー邸に滞在していたが、ブルトンは仕事のためニューヨークに留まり、週末だけヘアー邸に訪れていた。ある日ブルトンは、ヘアー邸で朝食を取りながら、彼が時折目覚め際に耳にすると言う「覚醒時フレーズ」をまた聞いたと報告する。それは「夢の／

砂漠のなかには／風をすくう／シャベルがひとつ／つねに／あるだろう **« Il y aura / toujours / une pelle / au vent / dans les sables / du rêve »**」という格言風の文句だった。他の覚醒時フレーズの場合と異なるのは、今回のそれは「空白」の介入によって一文が六つの語群に切り分けられていることだった。その空白部に詩句が次第に満たされ、「三部会」という長編詩となるのである。放心状態で戸外を行ったり来たりするブルトンの様子を窓から見て、デュイツは彼が詩作の最中だと考え、邪魔をしないようにしていた。果たして数週間後に、ブルトンはヘアー邸滞在者たちの前で、長編詩「三部会」を読み上げたのだった。★1

このエピソードからも分かるように、「三部会」には瞬間と持続の二つの時間が刻印されている。巨大な文字で印刷され詩篇全体に散りばめられた六つの語群は、ブルトンの意志とは無関係に一瞬で与えられた覚醒時フレーズである。一方、その語群を隔てる「空白」を詩句で埋める作業に、ブルトンは数週間の時間をかけている。また、雑誌掲載時の印刷配置にも視覚的なしかけがあった。言ってみればそこには、漫画の同一ページ上のコマ割りの中に存在する時間と、ぱらぱら漫画やアニメーションの中に存在する時間とが併存しているのである。雑誌上では「三部会」は見開き二ページが三度繰り返される六ページ構成となっており、各ページには例の語群がひとつずつ現れる。最初の見開きでは、左ページの最下部右端と右ページ中央左端に語群が置かれ、あたかも語群がページ最下部からページ中央の高さまで急角度で上昇したように見える。次の見開きでは、二つの語群は共にページ最上部の高さに置かれ見開きの中央部に寄せられ、前の見開きとの関係で、ページ最上部まで一気に到達した語群が上昇のピークを迎え、空に投げたボールが空中で一瞬静止するような軌道を想起させる。最後の見開きでは、左ページの語群はページの三分の二程度の

★1 Charles Duits, *André Breton a-t-il dit passe*, Denoël, 1969, pp. 129-130.

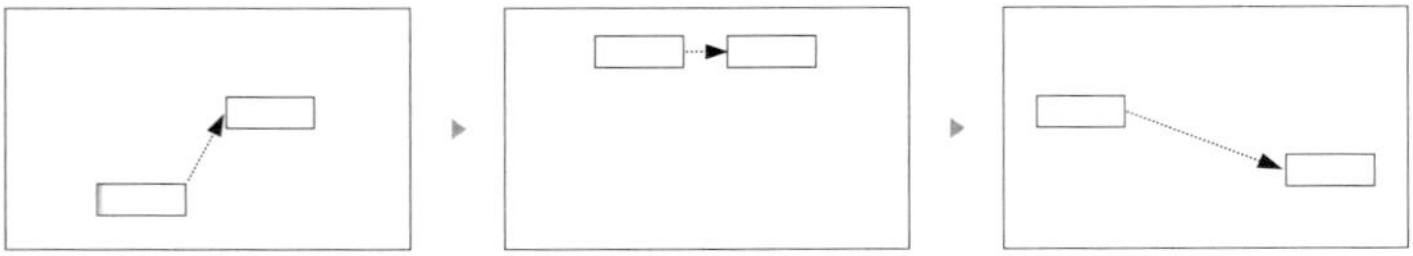

高さで左端に寄せられ、右ページの語群はページの三分の一程度の高さで右端に寄せられている。ふたつの語群の距離が広く高低差が少ないために、空気中の羽毛やタンポポの綿毛のような緩慢な落下運動の軌道が連想される。こうして雑誌読者はページをめくりながら、突如現れた語群がページ最下部から急激な上昇をしてページ最上部に到達した後、ゆるやかに下降をしながらページの外へと消えていくという視覚体験を得る。★2 各見開きページ内では語群の運動は同一平面上で瞬間的に視認されるが、そうして出現する三種類の運動は見開きをめくる持続の中でしか接続されない。急激な上昇と緩慢な下降という視覚体験の中にも、瞬間と持続という二つの時間が刻まれていると言える。実は、長編詩「三部会」の大きなテーマの一つが瞬間と持続の弁証法なのである。だが、その件に移る前にもう少しこの作品の紹介を続けよう。

作品の「筋《ト》立て《ラ》／横糸《ム》」

晩年になってブルトンは「三部会」に対して特別な愛着を抱いていることを告白している。一九五一年から五六年までの間に彼が聞いたという覚醒時フレーズを四つ紹介するだけの小冊子『A音』（一九六一）に沿えた序文（日付は一九六〇年一二月）で、彼は次のように述べている。

> それら［＝覚醒時フレーズ］の中でもとくに美しい格言の様相を呈する「夢の砂漠のなかには風をすくうシャベルがひとつつねにあるだろう」という文句を、一九四三年に、私がいまおそらくもっとも愛着をもつ長篇詩「三部会」の筋《ト》立て《ラ》／横糸《ム》とした。★3

その簡素な内容からすれば『A音』は〈詩集〉という

よりもむしろ〈標本集〉に近く、大規模な流通を前提としない六〇部のみの限定出版であったこと、そしてサイズも一三センチ四方とささやかなものであったことから、かなり私的な性格の強い作品だと言える。従って序文に示されたブルトンの「三部会」に対する愛着も、晩年のブルトンの率直な打ち明け話として捉えて良いだろう。
ここで注目すべきは、引用部でブルトンが使用している「トラム « **trame** »」という単語である。この言葉には複数の意味があるが、ここでは物語の〈筋立て〉という意味と、織物の基本要素の一つである〈横糸〉という意味の二つが重ねられていると考えられる。

まず、例の覚醒時フレーズが「三部会」の〈筋立て〉となっている、とはどういうことか検討してみよう。既に述べたように「夢の砂漠のなかには風をすくうシャベルがひとつつねにあるだろう」という覚醒時フレーズは、六つの語群に分割され詩作品内に散在している。マラルメの「骰子一擲」を思わせるその語群の一つ一つが、実は後続の詩句を生み出す起点となっているのである。ジャクリーヌ・シェニウー＝ジャンドロンに従えば、いわゆる「自動記述」とは、執筆行為《エクリチュール》に一定の条件付けを課すことで、逆説的に自由な思考の流れを生じさせるという「オートマティックな作業」の実

★2 ブルトンは「三部会」下書きの段階でページ上の語群の位置の正確な確認を行っているため、この軌道は意図的に生み出されたものだと思われる。Cf. *André Breton 42, rue Fontaine* [DVD], référence 2248 (HR_468000_2), dans « Manuscrits », CalmelsCohen, 2003.

★3 以下邦訳が出版されているものは対応する個所を示すが、本文中の訳文は原則として執筆者による。André Breton, *Le La*, *Œuvres complètes*, t. IV, Gallimard, « Pléiade », 2008, p. 341.［アンドレ・ブルトン『A音』大槻鉄男訳（『アンドレ・ブルトン集成』第四巻）、人文書院、一九七〇年、三〇五頁。］

践であった。[★4] この条件付けのことをシェニウーは「パラメーター」と呼ぶが、[★5] ブルトン自身は「枠組み」という単語で表現したこともある。[★6] 例えば、ブルトンとフィリップ・スーポーとの共著詩集『磁場』（一九二〇）なら〈筆記速度の変化〉が、ブルトン個人による散文詩集『溶ける魚』（一九二四）では〈小話形式〉がそれぞれその役目を果たしていた。同様に長編詩「三部会」においては、それぞれの語群が後続の詩句の方向性を条件付ける、ゆるい「枠組み」として機能しているのである。プレイヤード版ブルトン全集のエティエンヌ＝アラン・ユベールによる解説では、その関係性が以下のように簡潔にまとめられている。

> あるだろう « *il y aura* » という言葉は未来形に活用された、予言的な一連の動詞を生じさせている。つねに « *toujours* » は嫌悪感のこもった語調で発せられるが、これは決定事項であるような観念、あるいはそれに劣らずおぞましい永遠という観念がブルトンにそうさせるのである。シャベルがひとつ « *une pelle* » は即座に建築現場の一人の若い左官工のヴィジョンを作動させる。風をすくう « *au vent* » と共に出現するのはかつてヴィクトル・ユゴーを迎え入れた、嵐に打たれる島々で、亡命者ブルトンはユゴーに特別な親近感を覚えており、不可視のものや秘教的なものに対してユゴーが抱く魅惑も共有する。砂漠の中には « *dans les sables* » には、顔をヴェールで覆った流浪の民たちの主題が直ちに続く。夢の « *du rêve* » という言葉は、内容の予告ではなくしめくくりの役割を果たしているように思われる。それは打ち続く夢心地の瞑想たちの上に押された終止符であり、その瞑想の後、夜明けという決定的な時間に、詩人は現実世界に向けて目を開けるのである。[★7]

あたかも複数の種子が地表にまかれ、あちらこちらで同時に発芽し成長するように、「三部会」においては覚醒時フレーズの断片である六つの語群はそれぞれ独立した〈種子〉として作品空間内に配置され、各語群が後続の詩句の〈発芽〉を促し派生させているのである。これはつまり、一つの起点から一つの終点へと向かう直線的生成過程ではなく、複数の起点を持つ同時並行的生成過程が長編詩「三部会」を生んだということである。かつてブルトンは、『ナジャ』（一九二八）結末部で提示された「痙攣的な美」を再定義して、「痙攣的な美とは、エロティックで覆われたものであり、爆発的で静止的なものであり、魔術的で状況的なものであるだろうし、さもなくば存在しないだろう」★8と喝破した。一九三四年五月、雑誌『ミノトール』第五号に「美とは痙攣的なものだろう」と題されたこの文章が発表された際には写真図版が豊富に添えられており、本文の最終ページ（痙攣的な美の再定義と同ページ）には、写真家ブラッサイの撮影した「魔術的で状況的」とキャプションの付いた写真が掲載されて

★4　Jacqueline Chénieux-Gendron, « Jeu de l'incipit, travail de la correction dans l'écriture automatique—— L'exemple de *L'Immaculée Conception* », *Une Pelle au Vent dans Les Sables du Rêve*, dirigée par Michel Murat et Marie-Paule Berranger, Lyon, Presses Universitaires de Lyon, 1992, pp.138-139.

★5　*Loc. cit.*

★6　André Breton, « Lettre à A. Rolland de Renéville », *Point du jour*, *Œuvres complètes*, t. II, Gallimard, « Pléiade », 1992, p. 328.［アンドレ・ブルトン「A・ロラン・ド・ルネヴィルへの手紙」田村俶訳、『黎明』（『アンドレ・ブルトン集成』第六巻）、人文書院、一九七四年、二八二頁。］

★7　Étienne-Alain Hubert, « Notice » pour les « États généraux » dans André Breton, *Œuvres complètes*, Gallimard, « Pléiade », 1999, t. III, p. 1153.

★8　André Breton, « La Beauté sera convulsive », *Minotaure*, n° 5, Albert Skira, 1934, p. 16 (réédition en trois volumes en facsimilé, v. 2, Albert Skira, 1981). この文章は後に『狂気の愛』（一九三七）第一章となる。

いた。それは、いたるところから四方八方に太い芽を伸ばすジャガイモの写真で、見えるか見えないかの細い糸で空中に吊るされているために、写真を見た瞬間にはまるで足の太い蜘蛛の接写画像のようにも見えるものだった。任意の複数の起点から自由に芽を伸ばした結果、見たこともない予想外の有機的総体を形成するに至るという点で、長編詩「三部会」はこの写真の〈ジャガイモ＝蜘蛛〉と同様、「魔術的で状況的」な生成過程をたどっている。件の覚醒時フレーズは、非常にブルトン的と言える形で「三部会」の〈筋立て〉となっていると言えるだろう。

次に、ブルトンが覚醒時フレーズを「三部会」の〈横糸〉としたとはどういうことか考えてみたい。機織において、横糸（緯糸）は杼《ひ》（シャトル）に接続されて導かれ、あらかじめ木枠内に縦方向に平行に張られていた何本もの縦糸（経糸）の間を上下に交互にくぐりつつ、縦糸と垂直な方向に木枠内を横断する。こうして杼が左右に往復運動を繰り返すたびに横糸が一本ずつ張られ、一枚の織物が出来上がっていくのである。ここで、雑誌発表時の特殊なレイアウトにおいては、ページをめくるたびに覚醒時フレーズの語群たちが位置を変え、見開きページの最下部から急上昇をしてページ最上部で一瞬とどまった後に緩慢に降下する軌道を描いていたことを思い出そう。この軌道こそが、「三部会」という織物を織りあげる横糸の軌道ではないだろうか。見開きページを九〇度左に回してみれば、個別の詩句は機織り機の木枠（＝見開きページ）内にびっしりと平行に張られた縦糸の一本々々となり、語群たちは木枠右側（＝ページ最下部）からスタートして左端（＝ページ最上部）にたどりついたのち、折り返して右側へと戻る途中の横糸となる。往復運動が途中で放棄されているのは、作品の完結を避け、生成状態へと開こうとする身振りとも解釈できるだろう。覚醒時フレーズは確かに、「三部会」の内容を方向づける〈筋立て〉の機能と、テクスト内部を往復して横断しつつテクストという織物を織りあげ、その生成過程を読者に視覚的に経験させる〈横糸〉としての機能とを備えているように思える。

しかしここで注意したいのは、『A音』の序文が一九六〇年に書かれたという事実である。フランス国内では「三部会」は一九四七年に雑誌『フォンテーヌ』に掲載され、一九四八年にはブルトンのアンソロジー詩集『詩集』に収録されるが、初出時の特殊な語群の配置は雑誌『VVV』のページの大きさがあって初めて可能なものであった。当初は各ページに一つずつ規則的に配置されていた覚醒時フレーズの断片は、戦後に出版された雑誌・詩集のページレイアウトでは不規則な登場の仕方をするようになり、ページ上にひとつも現れないこともあれば同一ページ上に二つ現れることもある、という事態になったのである。ただし、語群は必ずページの左右のどちらかの端に配置され、初出時に語群がページのどちら側に寄せられていたかは現在に至るまで忠実に再現されている。[★9]とにかく、ブルトンが『A音』の序文を執筆した当時、「三部会」に登場する覚醒時フレーズの断片は、雑誌『VVV』掲載時の配置を失って久しかった。それでは、今日まで踏襲されているページレイアウト方針（語群をページの右側あるいは左側に正確に寄せる）では、「三部会」の語群から〈横糸〉としての機能は失われてしまっているのだろうか。

　結論から先に言えば、プレイヤード版のブルトン全集にまで受け継がれる「三部会」の不規則な語群配列においても、覚醒時フレーズの〈横糸〉としての運動は形を変えて生き残っていると言える。ただし、上下方向ではなく水平方向へと運動の方向を変え、覚醒時フレーズの断片はページ上を何度も横切るのである。雑誌『VVV』においてのみ可能だった見開き二ページという視覚単位は、その後のページレイアウトでは崩れてしまい、雑誌『フォンテーヌ』においても『詩集』においても、一般的な詩作品の場合と同様、読者にとっては各ページが視覚単位となる。言わば、語群の出現するスクリーンが、見開き二ページの横長の長方形から、各一ページの縦長の

★9　「三部会」拙訳では、初出時ページ左端に置かれた語群はページ上部に、右端に置かれた語群はページ下部に配置されている。

長方形へと形を変えたわけである。あるいは、パソコンやスマートフォンの画面に慣れた現代の私たちの身体感覚にフィードバックして説明すれば、雑誌初出時の「三部会」は見開き表示に設定され左方向へのスワイプによってページがめくられていたのに対して、それ以降の媒体に発表された「三部会」は表示が一ページごととなり垂直方向へのスクロールで読み進めるよう設定され直されたと言えるかも知れない。後者の場合、各行の詩句を目で追う読者の眼差しは当然ページの上から下へと向かう。この縦方向に下降する身体運動こそがこの場合の縦糸であり、横糸たる語群はその方向に垂直に、つまり水平方向にスライドするのである。この場合、語群の横に広がる空間は、語群がテクストを水平方向に横切った痕跡であり、テクストの空間を切り裂いて生じた亀裂となる。実際、戦後に出版された「三部会」のページレイアウトでは、語群の横に広がる空白の存在感が大幅に増している。雑誌初出時には覚醒時フレーズの断片には全て大文字が使用され、活字の大きさも詩句に使用されているものに比して格段に巨大だったが、それ以降の媒体では語群は原則として全て小文字で表記され★10、活字の大きさも詩句のそれよりもやや大きい程度になったために、ページ上で空白の占める割合が実際に大きくなったのである。横糸が最初に登場するページでは語群「あるだろう« il y aura »」がページの右端に寄せられ、その左側に広がる空白から、横糸を導く杼が左から右に動いた名残がうかがえる。次の「つねに« toujours »」は、左端に寄せられて出現しており、やはりその右側には杼が右から左へと返された痕跡である空白が広がる。続けて同様に「シャベルがひとつ« une pelle »」は右端へ、「風をすくう« au vent »」は左端へと規則正しく往復運動が展開されるが、興味深いのは次の「砂漠のなかには« dans les sables »」に関しては例外的にこの規則性が破られている点で、順番から言えば右端に寄せられてしかるべきこの語群は、ページの左端にとどまっている。しかし、最後の語群「夢の« du rêve »」では規則性が回復し、語群は右側に寄せられるのである。従って、雑誌『VVV』よりも後に出版された「三部会」においても、覚醒時フレーズは〈横糸〉の機能を失ってはおらず、読者が詩句を読み進むごとに目の前を覚醒時フレーズの断片が横切り、その往復運動と共にテクストと言う織物が生成されていくと言えるだろう。

一体ブルトンは、一九四三年の「三部会」執筆当初から、覚醒時フレーズの断片にこれら二種類の〈横糸〉の運動を担わせようと計画していたのだろうか。否、そのような予定はなかったと考える方が自然だと思われる。もしも当初から語群の水平方向の往復運動も構想されていたならば、『詩集』では五番目の語群「砂漠の中には」は右端に寄せられていただろう。また、確かに雑誌初出時のページレイアウトが入念に計算されていたことはブルトンの手稿から確認できるが、それが当初から機織りの横糸の動きを模したものであったのかどうかは不明である。語群が急上昇を始めた瞬間に「ああほら解放の内に既に含まれた翼の再落下だ／たちまち全き恐ろしさを示すアーチ型天井だ」という詩句が続くことから、むしろ当初は上昇の後で「再落下」をする「アーチ型天井」の軌道が想起されるだけで十分だったのかも知れない。だが、戦後フランスで出版された「三部会」のページレイアウトでは、その特殊な放物線軌道を想起させることができなくなり、覚醒時フレーズはその運動を止めてしまった。言わば、長編詩「三部会」は一度死んだのである。しかし『A音』の序文を執筆するにあたってブルトンは、その新しいレイアウトに潜在する視覚体験に気づき、新旧両方のレイアウトにおける覚醒時フレーズの断片の運動を統合する「筋立て／横糸《トラム》」という単語を導入することでその潜在的視覚体験を現働化し、作品に新たな生命を吹き込んだのではないだろうか。硬直した合理主義を追求した結果、第二次世界大戦という破滅的な状況を出来させてしまった人類が、価値観を刷新して新しい社会を築き、輝かしい未来へと舵を切りなおすことを、ブルトンは戦後一貫して求め活動を続けた。その彼が、一時

★10 プレイヤード版全集のみ、覚醒時フレーズの冒頭に大文字（« Il y aura »）を用いている。

的な死を経た後に新しい生を得るという、ある種イニシアティックな過程を体現している長編詩「三部会」に晩年強い愛着を抱いたとしても、不思議ではない。

生の「総目録」

次に、覚醒時フレーズの語群を隔てる「空白」に発生した詩句の内容を確認したい。一読して分かる通り、長編詩「三部会」には、扱われる話題がめまぐるしく入れ替わるという特徴がある。平たく言えば、話が自由に飛ぶのである。しかしその背後では一貫して〈失われた光の回復〉が中心的テーマに据えられており、夜更けに詩人に去来する種々雑多な夢想が次第にうねりをあげてイメージの連鎖を呼び作品全体の巨大な流れを生み、ついに明け方にその〈失われた光の回復〉が達成されるというあらすじになっている。詩の冒頭、覚醒時フレーズの最初の断片「あるだろう」が登場するまでの間に、「私の両目を磨いてくれ」という願いが呪文のように繰り返される。このことから、現在詩人は自らの両目が曇ってしまったと感じており、その両目が――あたかもレンズのように――再び透明で光を通すようになることを切望していることが分かる。詩の中盤でその願いは半ば達せられ、詩人は「見せてくれもっと見せてくれ」と高揚した叫びをあげ、その目は貪欲にイメージの奔流を堪能し始める。そして、「だが光が戻ってきた」という詩句で始まる最終節では、「瞼が唇が日の光を吸い込む」とついに断言される。おそらくは夜明けを迎え、外部世界においても詩人においても、念願の〈失われた光の回復〉が達成され、新しい一日が始まろうとするところで詩人は筆を置くのである。ただし、これまでに述べた通り、実際にこの詩の大部分を占めるのは、闇の中に次々と浮かんでくる様々な詩的夢想である。これらの夢想のトピックは実に多岐にわたり、ブルトンに特有な要素を網羅していると言っても過言ではないだろう。例えば、彼独自の詩的アナロジー理論の宣言が行われる一方で、ファーブル・ドリヴェやサン＝ティヴ・ダルヴェードルといった当時彼が関心を持っていた神秘思想家たち、ユゴーやサドなど彼にとって親しい過去の詩人や作家たちが召喚される。

「それぞれの人種の土着の精霊への自由な呼びかけ」の礼賛が行われるかと思えば、エスキモーのマスクなどの様々なオブジェたちも登場する。なにかしら遺言めいたことをつぶやく箇所もあれば、新しい社会制度、すなわち「労働者」・「詩人」・「学者」の三身分からなる未来に開かれた新しい「三部会」の構想を提示する箇所もある。このような各種様々なブルトン的要素が、強度ある詩的イメージと混ざり合いつつ、長編詩全体で不思議な調和を保っているのである。本作品の原題であるフランス語 « Les Etats généraux » は、通常は聖職者・貴族・平民の三身分からなる身分議会制を指す歴史的用語であり、当時ブルトンが戦後の社会制度として新しい三身分からなる三部会の設置を模索していたという事実に基づいて本稿では「三部会」と訳したが★11、この原題をブルトンの歩みの「総目録」と理解することも不可能ではない（実際この詩のタイトルを「総目録」と訳している邦訳も存在する）。本作品内には「まるで暗がりで鏡のカードを混ぜているようだ」という詩句が登場するが、光を反射しつつ闇の中で次々とめくられる鏡のトランプよろしく、彼固有の多種多様な夢想が光り輝くイメージとなって列挙されていく長編詩「三部会」は、まさしく彼の生の「総目録」を提示するものであると言えよう。

★11　ブルトンは、一九五一年に録音され、翌一九五二年にフランス国営ラジオで全十六回の連続番組として放送されたアンドレ・パリノーとの対談内で、第二次世界大戦終結後に、「社会的なもの」を「政治的なもの」よりも優先させる新たな三身分からなる三部会（ブルトンは一例として「技術者と学者」・「教育者と芸術家」・「都市および農村の労働者」の三身分を提案する）の設立が目指されてしかるべきだった、と述懐している。Cf. André Breton, « Entretiens radiophoniques XV », *Entretiens 1913-1952*, *Œuvres complètes*, t. III, Gallimard, « Pléiade », 1999, p. 560.［アンドレ・ブルトン『ブルトン、シュルレアリスムを語る』稲田三吉・佐山一訳、思潮社、一九九四、二二五頁。］

「きらきらとした火花の鉛直線」

これら鏡のトランプ全てについて語ろうとすれば、それだけで一冊の独立した本になってしまうので、ここでは特に作品全体に関わるいくつかのカードを抜き取って紹介するにとどめたい。また、以下に述べるのは解釈のひとつの可能性であり、詩的表現の持つ広がりを一つの意味に収斂させる意図は一切ないことを予めお断りしておく。まずは作品冒頭に喚起されている乳搾りの娘たちのイメージについて考えてみたい。ブルトンは、彼女たちは昔ながらの「魔法使い」であり、「きらきらとした火花の鉛直線」が彼女たちの「指から指へと飛び移る」と言う。これは一体どういう光景だろうか。家畜の搾乳は現代ではほぼ機械化されているが、手搾りの場合、牛や山羊の乳頭を片方の手で包むように握りこみ、人差し指から順に指を締めて圧迫すると、小指側の乳頭先端部から水鉄砲のように勢いよく乳がほとばしり出るので、それを家畜の乳房の下に設置してある桶で受ける。一握り分の乳の噴出はすぐに終わるので、搾り手は何度も指の適切な開閉を繰り返し、断続的に乳の噴出を促すのである。「三部会」においては、乳搾りの現場は「牧場」、すなわち屋外である。「きらきらとした火花の鉛直線」という表現は、この直線状に噴き出す家畜の乳に太陽の光が反射した様子を思わせはしないだろうか。乳搾りの時間には、搾り手である若い娘の精妙な指の操作に従って一瞬だけ現れては姿を消す「火花の鉛直線」が、牧場のいたるところに出現する。詩人はその光景に、乳を搾る娘たちがそこここで魔法使いとなって、次々に指の先からささやかな稲妻を出しているような印象を受けているのである。そしてその直後に「途切れては絶えず再生するこの見事な糸で私の両目を磨いてくれ」という、〈失われた光の回復〉という中心テーマにも関わる重要な詩句が現れる。素直に読めば、この「糸」は直前で語られている、断続的な出現を繰り返す「火花の鉛直線」と理解できるだろう。農家の娘たちによる家畜の乳搾りという現実的光景に重なる、魔法使いたちが続々と指先から閃光を放つという潜在的な詩的現実——日常的光景に潜む驚異的なものと言い換えても良い——を集めることで、詩人は目の曇りを解消しその透明性を回復しようとしているように思われる。

以上の分析を前提として、次に牧場の乳搾りのイメージが作品冒頭に置かれた理由、あるいはそのイメージの持つ射程を考えてみたい。既に述べた通り、おびただしい数のブルトン的要素が列挙される長編詩「三部会」には、話があちらこちらに飛ぶという特徴がある。生じては途切れ、唐突にその対象を変えて再開される詩人の夢想は、乳搾りの娘の指から指へと飛び移る「きらきらとした火花の鉛直線」の動きそのものではないだろうか。だとすれば「三部会」の実質となる詩句こそがその「鉛直線」であり「途切れては絶えず再生するこの見事な糸」であるとは言えないだろうか。視覚的にも、ページ上の詩句の行は、あるものは長くあるものは短い不連続な直線の繰り返しであり、乳が搾り出される直線的軌道を想起させる。詩人は作品冒頭で、「三部会」にこれから書きつける詩句（＝断続的に出現する糸）で自分の目を磨きその清澄さを取り戻すことを宣言しているのである。さらに、乳の搾り手が「農場の若い娘たち」だとわざわざ言明されていることも興味深い。『秘法十七』（一九四四―一九四七）の中の一九四四年秋に執筆された部分で、現代文明の誤った進路を修正するために、「男性的システムに抗して、女性的システムに属するこの世のあらゆるものを最大限優先させる」[★12]ことが芸術家の務めであるとブルトンは述べることになるが、「三部会」においても既に、詩人はポエジーの横溢を「女性的システム」に委ねていたと理解できるからである。しかし最も重要なのは、ブルトンが自らの詩句を、長編詩「三部会」内で明滅を繰り返す（「途切れては絶えず再生する」）糸状の

★12 André Breton, *Arcane 17 enté d'Ajours*, *Œuvres complètes*, t. III, Gallimard, « Pléiade », 1999, p. 65.［アンドレ・ブルトン『秘法十七』入沢康夫訳、人文書院、一九九三、八三頁。］

「火花」――一瞬で消える輝き――にたとえている点である。既に紹介した「まるで暗がりで鏡のカードを混ぜているようだ」という表現と合わせて考えれば、「三部会」の詩句はそれぞれが〈驚異〉の刻印を押された個別の火花であり、シャッフルされるたびに光を反射する「鏡のカード」のようにその火花は繰り返し輝き、作品全体の中で明滅しているのである。このことを念頭に、次の詩句について考えてみよう。

そろそろ人は立ち止まるべき頃だ
不死鳥がカゲロウの群れでできているということを
理解し始めるべき頃だ

これらの詩句は二番目の語群「つねに」に続く、安定した恒常性に対する詩人の不信・警戒が表明されるセクションに登場する。永遠の時を生きる不死鳥が、実はカゲロウという儚き存在の集合体であるというこの命題は、詩句が火花となって明滅を繰り返す長編詩「三部会」全体の構成を表していると言えるだろう。そればかりか、図らずもこの詩的イメージは、ブルトンの詩学の本質をも示しているように思われる。『シュルレアリスム宣言』（一九二四）以来、ブルトンは一貫して〈出会いの詩学〉を追究したと言える。例えば、「自動記述」であれば言葉同士の前例の無い出会いから強烈なイメージが生じ、「客観的偶然」であれば通常では交わることのない事件同士の出会いが安定した世界観に揺さぶりをかける。二つの異質な要素の出会いは、当初は一個の謎としてブルトンの前に現れる。その謎は、謎としてそのまま放置されることもあるが、あるタイミングでその二つの要素間の関係性を精神が得心することがあり、その瞬間に謎は――言語化されることもあればされないこともあるが――ひとつの啓示となり輝きを放つ。「三部会」の第四番目の語群「風に吹かれて」★13に続くセクションではポエジーに関する夢想が中心となるが、その中に次のような詩句が見られる。

イメージの数々は私の気に入った　それは不当にも
評判の悪い

いたずらに体力を浪費する技術だった
しかし全ては共犯以上の共犯関係にある　共謀の
　数々は際立って劇的でありかつ巧妙だ

「いたずらに体力を浪費する « brûler la chandelle par les deux bouts »」というフランス語は、直訳すれば「ロウソクを両端から燃やす」となる。ロウソクの両端に火をつければ、ロウソクは両端からみるみる短くなり通常の寿命の半分の時間で燃え尽きてしまうことから「金銭・体力・寿命の無駄遣い」という意味に通じるわけである。また「〜と共犯関係にある « être de mèche avec...»」という表現に含まれる単語 « mèche » には「ロウソクの灯心」という意味もある。以上のことから、文字通りにこの個所を読めば、これまで詩人を楽しませてきた「イメージ」とは〈ロウソクの両端に火をつける技術〉のことであり、その灯心は〈ただの灯心以上のもの〉である、とも読める。ロウソクの両端にある小さな炎同士はお互いに距離を詰め、ついに重なり合った瞬間に二つの炎の輝きはひとつとなり燃え上がるが、灯心を燃やし尽くして一瞬で消えてしまうことだろう。この運動のイメージは、かけ離れた二項の接近からイメージの閃光が生じるという「自動記述」の詩法を思わせないだろうか。いや、ひとり「自動記述」のみならず、「客観的偶然」であっても同様である。『狂気の愛』で語られる「ひまわりの夜」は、「ひまわり」という詩作品と、その詩の執筆から十一年後の記念すべき夜更けの散歩とがロウソクの両端にあたり、〈ただの灯心以上のもの〉である灯心によって結びつけられていると言える。書かれた時点では意味の定まらなかった前者が事後的に後者の予言となった、とブルトンが判断するのは、まさに彼の精神の

★13　語群 « au vent » は、覚醒時フレーズ全体を通して読む場合には「風をすくう」と訳せる部分だが、作品中では後続の詩句と意味的な関係が生じるために「風に吹かれて」と訳せる。

中で〈両端に火をつけられたロウソク〉が燃え尽きた瞬間、つまり通常では比較することすら思いつかないようなかけ離れた二項（十一年前に自分が書いた文章と最近身の回りで起きた出来事とを突き合わせて比較対照すること自体、精神に極度の柔軟性がなければ不可能である）が重なった瞬間であり、そこから「客観的偶然」の「イメージ」の閃光が啓示として出現するのである。この伏流的隠喩をもう一歩進めてこう言うこともできるだろう。まだ火は灯されていないけれど、このロウソクの存在は察知されている段階――二項の間に何かしら不思議で特別な関係性がありそうだが、まだその関係性が潜在的な予感に留まっている段階――にある時、このロウソクは「共謀」と呼ばれるのである（「共謀の数々は際立って劇的でありかつ巧妙だ」）[★14]。この共謀のロウソクは燃え尽きるまでは謎として存在し、燃え尽きれば啓示の輝きを放ち燃え尽きる。そして、通常では接近のしようのないかけ離れた二項を結びつける、このロウソクの実質とも言える〈ただの灯心以上のもの〉である灯心のことを、ブルトンは後に「詩的アナロジー」と名付けることになる。

一九四七年十二月三十日の日付のある「上昇記号」（発表は一九四八年）は、ブルトン独自の詩的アナロジー論の集大成とも言える文章だが、その冒頭で、詩的アナロジーのもたらす啓示が瞬間的なものであることが述べられている。

〔……〕論証的思考の流れを偶然にも断ち切り、様々な関係性からなる遥かに豊かな生――太古の人々はその生の秘密を知っていたのだとあらゆるものが告げている――を照らす照明弾となって突如飛び立つ全てのものを、私は狂おしいまでに愛する。そして、確かにその照明弾はすぐに落ちてしまうが、今日提示されている様々な交換価値をそれらの不吉な体系に合わせて見積もるには、それ以上は必要ないのである。[★15]

詩的アナロジーがもたらす特権的な啓示の体験も、次の瞬間には既知のもの・制度的なものに回収されてしまう。それでもなお、そうした既存のシステムから自由であろうとするならば、その都度新たに啓示を求め直すしかない。その意味で、ブルトンの追究する啓示は本質的に、瞬間的で一回限りのものである。少し前に引用した詩句に登場する「不死鳥」とは、たとえ個々の啓示は「カゲロウ」のように儚くとも、絶えず新たな啓示を求め続け、制度的なものに反抗し続ける精神のありかたそのものをも暗示しているのではないだろうか。そして、そうした精神のありかたにこそブルトンは「シュルレアリスム」の名を与え続けていたのではなかったか。シュルレアリスムとはおそらく、搾られた乳が空中に描くきらめく直線のような切れ目を周囲の世界に入れ続けることだ。分厚いゼリーのように私たちを包み込んでくる慣習的世界を何度でも切り開いて裂け目を作り続けることだ。たとえその裂け目はすぐに閉じてしまうとしても、その開口部を通して向こう側の世界を一瞬でも垣間見る——垣間見せる——ことに、ブルトンは全てを賭けていたと言っていいだろう。

夜明けの空に線を引く

「三部会」最終節には、これまで述べてきた「きらきらとした火花の鉛直線」のイメージ、そして「カゲロウ」でできた「不死鳥」のイメージが、姿を変えて登場して

★14 『ナジャ』の冒頭にも「共謀 « complicités »」という単語の同様の使用例が見られる。Cf. André Breton, *Nadja*, *Œuvres complètes*, t. I, Gallimard, « Pléiade », 1988, p. 652.［アンドレ・ブルトン『ナジャ』巖谷國士訳、岩波書店、岩波文庫、二〇〇三、二二頁。］

★15 André Breton, « Signe ascendant », *La Clé des champs*, *Œuvres complètes*, t. III, Gallimard, « Pléiade », 1999, p. 766.［アンドレ・ブルトン「上昇記号」『野をひらく鍵』粟津則雄訳（『アンドレ・ブルトン集成』第七巻）、人文書院、一九七一、一七一頁。］強調引用者。

いる。直前のセクションの最後でブルトンは大地に巨大な砂絵を描くが、実はこの図像はネイティヴ・アメリカンのナヴァホ族にとって〈太陽〉を象徴する図像である（「三部会」訳注参照）。作品空間に太陽を密かに滑り込ませた上でブルトンは「だが光が戻ってきた」と書く。夜明けが来たのだ。そしてこの詩句は同時に、曇っていた目のレンズが透明になったことも告げている。詩人は心ゆくまで煙草を吸い（「煙草を吸う快楽」）[★16]、その直後に次の謎めいた表現が続く。

青と赤の斑点を持つ灰の仙女＝クモは
数ある自らのモーツァルトの家に決して満足しない

煙草の先から細く立ちのぼる煙は、さながら巣を張るためにクモが尻から出す白い糸である。また、煙草を吸って先端部に空気を送れば一時的に火力が強まり、燃焼部に青味がかった、あるいは赤味がかった火の点が現れる。以上のことから、どうやらこの「灰の仙女＝クモ」は糸を出しては灰を落とす煙草のことのようである。では「モーツァルトの家」とはなにか。これは、ヴィクトリアン・サルドゥという霊媒が一八五八年頃に描いた、いわゆるオートマティックなデッサン『木星のなかのモーツァルトの家』を踏まえているのだろう。ブルトンは雑誌『ミノトール』第三―四合併号（一九三三）に「オートマティックなメッセージ」という重要なオートマティスム論を発表するが、その中でこの銅版画《エッチング》作品にも言及している。サルドゥは神秘的な力に導かれ、画面各所の細部から一斉に描き始め、どの部分も完成することのないまま同時に並行して画面のあちらこちらでデッサンを展開させて、ついに完成するまで全体像は分からなかったと言う[★17]。この文章の最初のページは雑誌見開きの右側に置かれ、左側のページにはサルドゥのこのデッサンが掲載された。非常に細かい線で描かれた建築物のデッサンだが、よく見ると細部にト音記号や各種音符記号、五線譜などの音楽記号が、そしてヴァイオリンの弓やオルガンなどの楽器類が、曲線を交えた植物的モチーフと組み合わせられて描きこまれており、その広がり方はまるで湯気や煙のようにも見える。「三部会」の詩人は、紫煙の広がりに「モーツァルトの家」を見ているのではないだろうか。サルドゥの作品のタイトルとは異なり、「三部会」の詩句では「モーツァルトの家」は複数形に置かれている。煙草の煙が広がるたびに、「仙女＝クモ« araignée-fée »」は自らの「モーツァルトの家」を構築し直し、その作業に決して飽きることがないのだ。だが、一体なぜ煙の糸を出すクモが「仙女」なのだろうか。

作品冒頭の牧場の乳搾りの光景を思い出そう。搾られた乳なら下方へ、煙草の煙なら上方へと進む方向は逆だが、共に白い「糸」が断続的に出現して、一種の魔法を——驚異的なものに属する詩的現実を——生じさせていることに気づくだろう。「魔法使い」でもあった乳搾りの娘たちに対応するのが「クモ＝仙女」なのである。そしてまた、煙草の煙という短い時間しか存在できないものが集まって、まがりなりにもひとつの構造物（「モーツァルトの家」）を出現させる様子は、まさしく「不死鳥がカゲロウの群れでできている」というイメージに重なる。「不死鳥」のように、「クモ＝仙女」の作る「モーツァルトの家」は何度でも蘇るのである。長編詩「三部会」の最初と最後に「途切れては絶えず再生するこの見

★16 原文には「吸う« fumer »」という単語のみが用いられており、何を吸うのかは正確には分からない。一般的には煙草を吸う意味になるが、ブルトンはパイプ党だったので、この個所をパイプによる喫煙のイメージとして捉えることも当然可能である。

★17 Cf. André Breton, « Le Message automatique », *Minotaure*, nº 3-4, Albert Skira, 1933 (réédition en trois volumes en fac-similé, v. 1, Albert Skira, 1981), p. 59. このエッセーは後に『黎明』（一九三四）に収録される。Cf. André Breton, « Le Message automatique », *Point du jour*, *op. cit.*, p. 382.［アンドレ・ブルトン「自動記述的託宣」生田耕作訳、『黎明』、前掲書、三三六—三三七頁。］

事な糸」をお守りのように登場させ、詩人は自分の両目を磨ききったようである（「あらゆるものがあの手この手で見分けてもらおうとする」）。クリアになった視界で詩人が作品の最後に見る光景を、一緒に眺めてみよう。

闘技場《アリーナ》は空っぽになる
鳥たちのうちの一羽は飛び去る時に
ワラと糸とを忘れようとはしなかった
一群はスケートをするのが良いと思うのが関の山だった
矢が飛び立つ
一つの星　夜の毛皮の中に消えゆく唯一つの星だ

「闘技場《アリーナ》」を空虚にして鳥の群れが一斉に飛び立つが、その中に一羽だけ特別な動きをする鳥がいる、というのが大まかな内容だと言っていいだろう。「一群« essaim »」という単語は第一義的には分封（分蜂）中の蜂（特にミツバチ）の群れを指す。分封とは、個体数の増え過ぎた蜂の巣に新しい女王蜂が誕生し、古い女王蜂が働き蜂の一部を連れて巣別れを行うことである。新たな巣を作る場所が決定されるまでの数時間、ミツバチは分封球と呼ばれる密度の高い群となって、一時的に木陰や民家の軒下で待機し、それが街中だと〈突然ミツバチの大群が現れた〉とニュースになることもある（ちなみに分封中のミツバチは原則として人を刺さない）。「三部会」に戻れば、ここでの「一群」とは、どこまでも曖昧さは残るが、直前の詩句に現れる「鳥たち」の群れと考えるのが自然だと思われる。集団行動の極致とも言える状態で一糸乱れず滑るように移動する群れの中に、「ワラと糸とを」忘れない鳥が一羽いた――そう、再度「糸」のイメージが登場するのである。「ワラ」に関して言えば、この直前のセクションで詩人が大地に描く〈太陽〉の砂絵の各要素を描写する際に、「未来には世界の変革のためのワラの稲妻がのせられている」という表現があったことが思い出される。「ワラの稲妻 « éclair de paille »」という語の組み合わせは「束の間の輝き « feu de paille »」（直訳すれば「ワラの火」）という表現を想起させ、持続時間の極端な短さが強調されているように思われる。瞬間的に天空に直線を描いて消える「稲妻」

のイメージもまた、乳搾りの「きらきらとした火花の鉛直線」に非常に近いと言えるだろう。では、「ワラと糸とを」忘れないこの鳥の正体とは一体なんなのだろうか。

結論から言えば、ここで展開されているのが〈流れ星〉のイメージであれば、引用した箇所の表現には全て一応の説明がつく。最後の詩句に「星」が登場することから、詩人は明け方の空を見上げていると考えられるのである。引用された詩句の原文では「闘技場《アリーナ》」は単数形に置かれており、この単語はその場合、すり鉢状の観客席を持つ円形闘技場の中央にある砂敷きのグラウンドを指すことになっている。「三部会」の文脈では天地を逆にした比喩表現として用いられ、天穹の底、すなわち夜空のドームを暗示していると考えられる。また、鳥の群れは夜空に溢れる星々の隠喩と解釈できるだろう。満天の星空が夜明けになり、空が白み始めて一斉に星が姿を消してゆく光景が、あたかも星が群れをなして夜の側へと逃げ去っているかのように描かれているのである。だが、その大きな流れに反抗する鳥＝星がいた。その鳥は流れ星となり、詩的精神と世界変革の意志を具現化して、夜空に一筋の線を描き一瞬の後に消えてゆくのである（「矢が飛び立つ」）。この一筋の線もまた「不死鳥」をなす「カゲロウ」に属するものであり、安定した慣習的世界を切り開く裂け目となるものであるということは、言うまでもない。

始まるものは

長編詩「三部会」は冒頭で、立て続けに四つの願いが述べられていた。

下になにがあるのかを言ってくれ　話してくれ
なにが始まるのかを言ってくれ
そしてかろうじて光を捉えている私の両目を磨いてくれ

このうちの三つまでが、実は次の一節で成就されている。

傷は癒える　あらゆるものがあの手この手で見分け
　てもらおうとする　私は話す　そして君の顔

> の下では海底から数々の真珠を呼び寄せた
> 影《本影》の円錐が回転する

「君の顔の」下にあるもの、それは「海底から数々の真珠を呼び寄せた影《本影》の円錐」であり、その「影《本影》の円錐」は回転すると言う。「本影」とは天文学で使用される用語で、光源からの光が完全に遮断される領域のことを指す。例えば皆既日食の場合、観測者は月によって生み出された本影の中にいることになる。光源の位置が変われば本影もそれに合わせて位置を変えるように、詩人がどんなに回り込んでも絶対にうかがい知ることのできない影の部分が「君」に存在するということだけは読み取れるが、非常に詩的な表現なのでそれ以上の正確な解釈は難しい。しかしこれが、「下になにがあるのか」に対する返答になっていることだけは確かだろう。同様に「話してくれ」に対しては「私は話す」と率直に反応している。また、「私の両目を磨いてくれ」という願いも叶えられ、「あらゆるものがあの手この手で見分けてもらおうとする」ようになったのは、先ほども述べた通りである。こうして「なにが始まるのかを言ってくれ」という願いだけが残った。その返答こそが先ほど確認した作品の結びの数行なのだろう。すなわちそれは、大勢に逆らい制度的なものを揺さぶる来たるべき抒情的反抗であり、たとえささやかであっても何度でも繰り返されるべきものとして、ブルトンはその担い手を読者へと開いているのである。

新しい一日が始まるその時に、あなたは群れから外れた一羽の鳥となり、流れ星となって空に一筋の線を引く。いや、あなたが線を引くからこそ新しい時代が始まるのだ。

Ⅲ

EXHIBITION

50 ans commémoration
après la mort
d'André Breton

「アンドレ・ブルトン没後50年記念展」
Galerie LIBRAIRIE6
2016.9.3 sat. — 10.23 sun.
❖ 展示作品の一部を掲載

「アンドレ・ブルトン没後50年記念展」Galerie LIBRAIRIE6

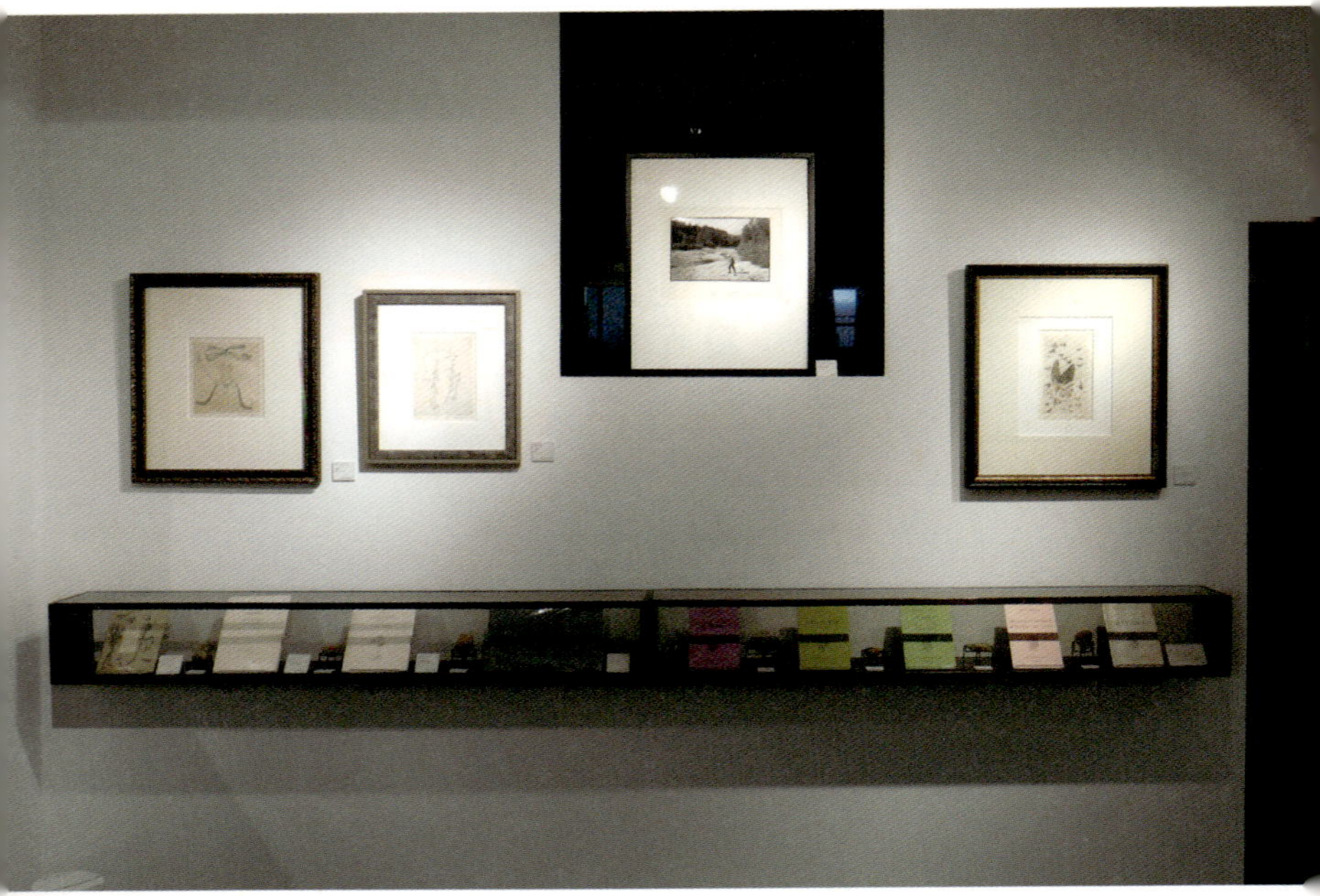

LIBRAIRIE6
「アンドレ・ブルトン没後 50 年記念展」
会場写真

André Breton アンドレ・ブルトン 「無題」 1957年 デカルコマニー

「アンドレ・ブルトン没後50年記念展」Galerie LIBRAIRIE6

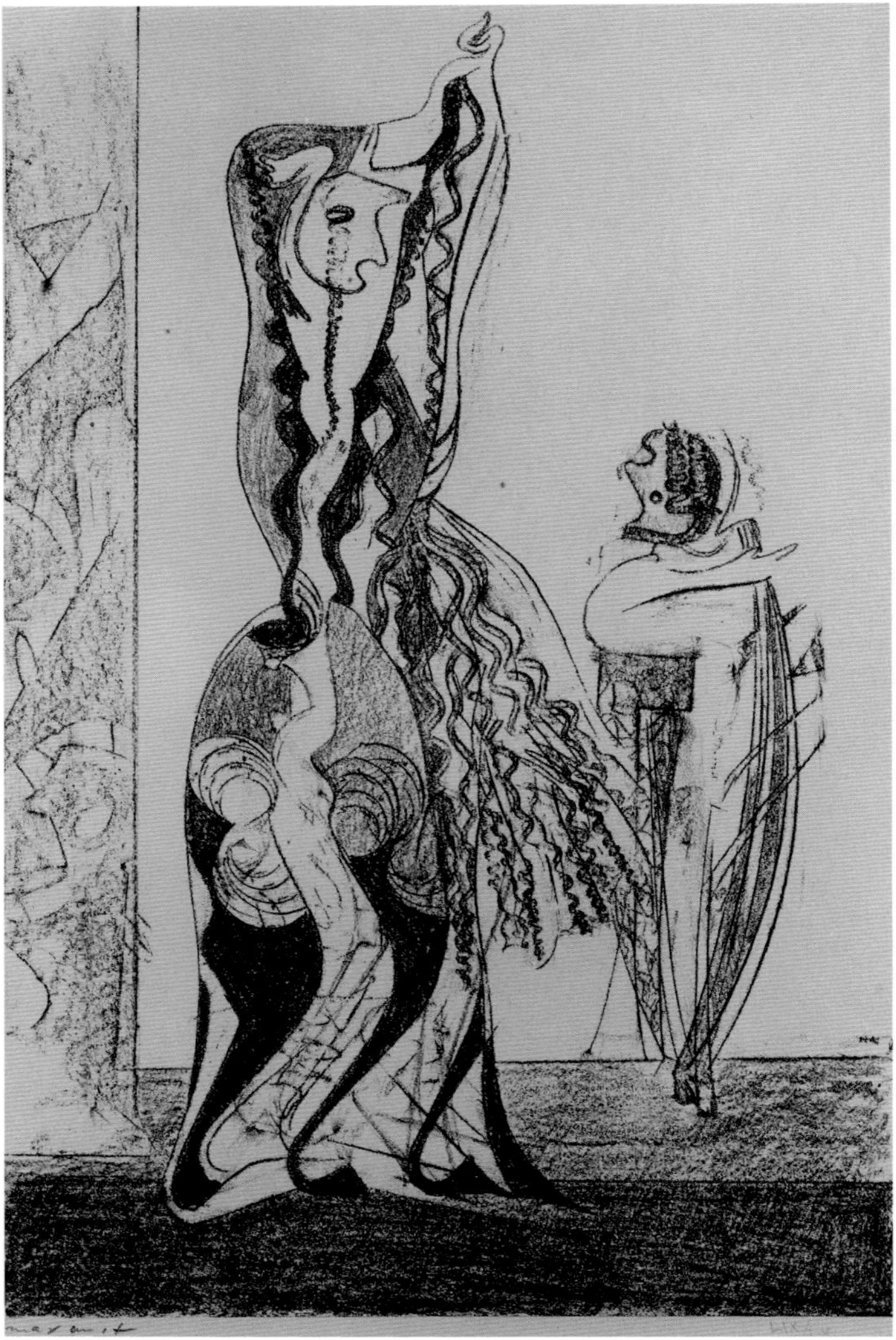

左
Dorothea Tanning ドロテア・タニング
「Les 7 Périls Spectraux」
1950年
リトグラフ
ED 9／15

右
Max Ernst マックス・エルンスト
「Ballet Dancers」
1950年
リトグラフ
ED 59／60

左
Yves Laloy イヴ・ラロワ
「Le Mal est mon seul bien」
1960年
油彩

右
Jane Graverol ジェン・グラヴェロール
「La Marée Noire」
1970年
パステル

Leonora Carrington レオノーラ・カリントン
「Crookhey Hall」
1947年
リトグラフ
ED 57 / 150

左
Leonor Fini レオノール・フィニ
「Deux Amis」
1970年
リトグラフ
ED 248／275

右
Leonor Fini レオノール・フィニ
「無題」
1970年
リトグラフ
ED 15／25

「アンドレ・ブルトン没後50年記念展」Galerie LIBRAIRIE6

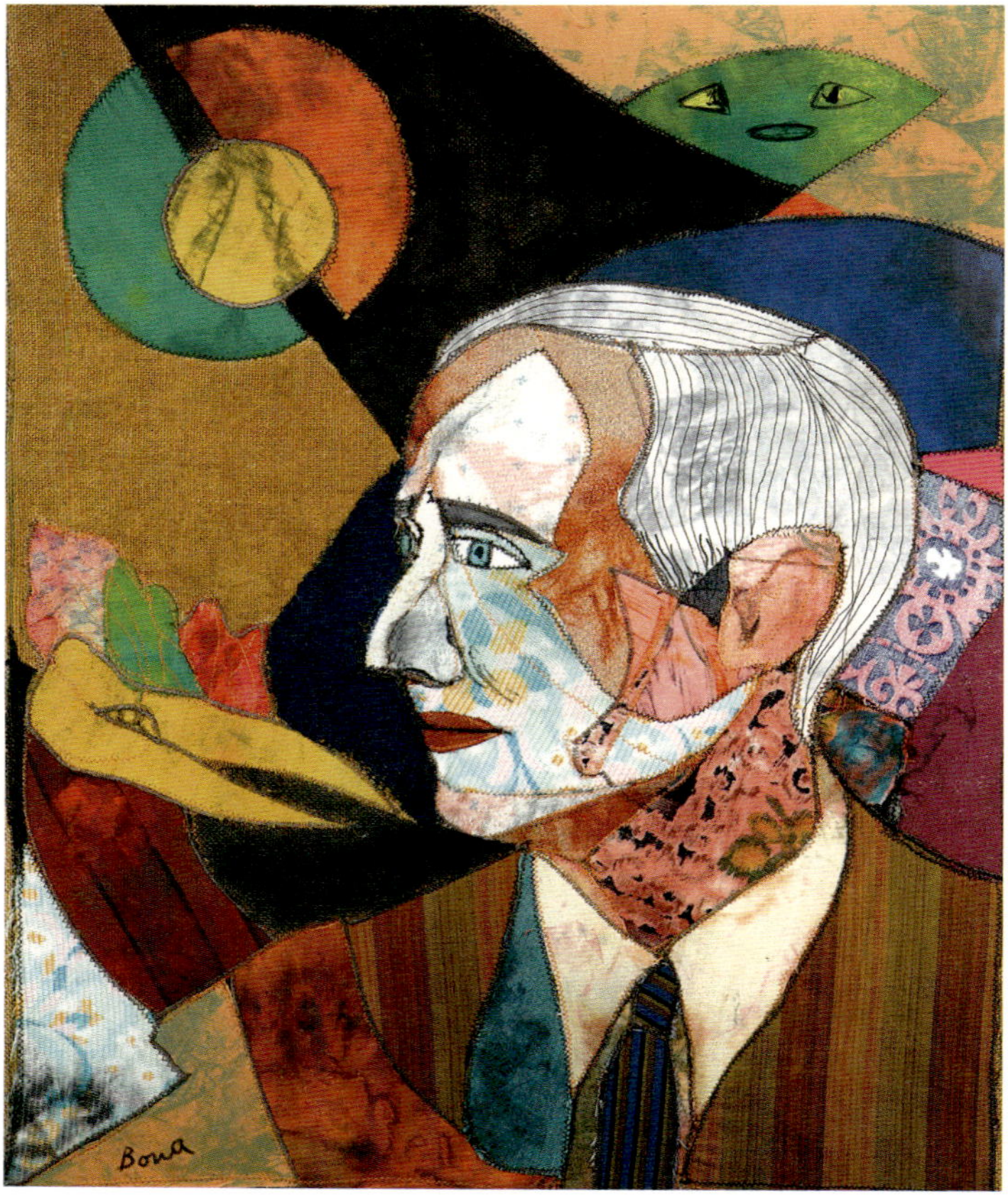

左
Bona de Mandiargues
ボナ・ド・マンディアルグ
「Elisa Breton」
1974年
カンヴァス・パッチワーク

右
Bona de Mandiargues
ボナ・ド・マンディアルグ
「Max Ernst」
1974年
カンヴァス・パッチワーク

「アンドレ・ブルトン没後 50 年記念展」Galerie LIBRAIRIE6

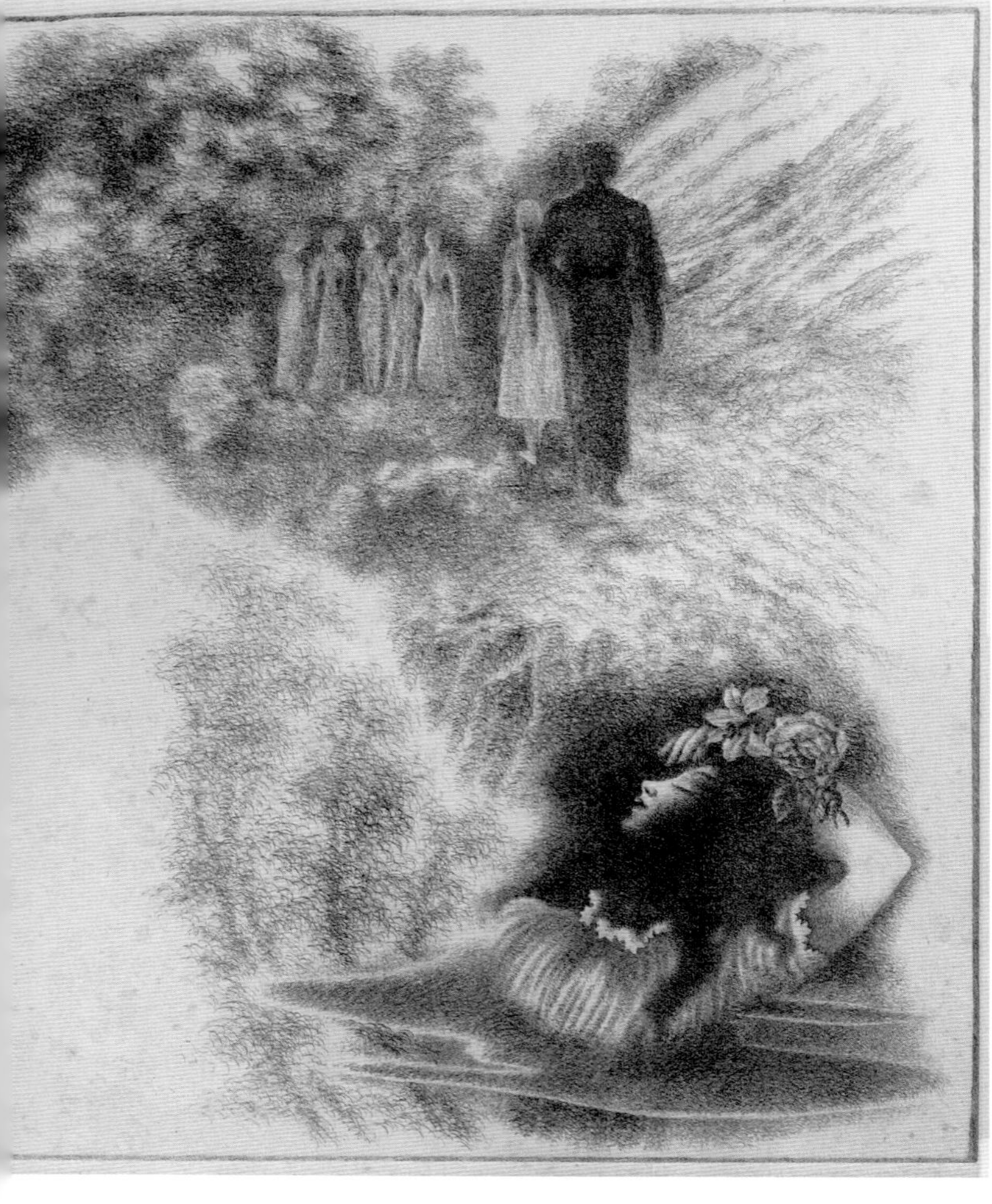

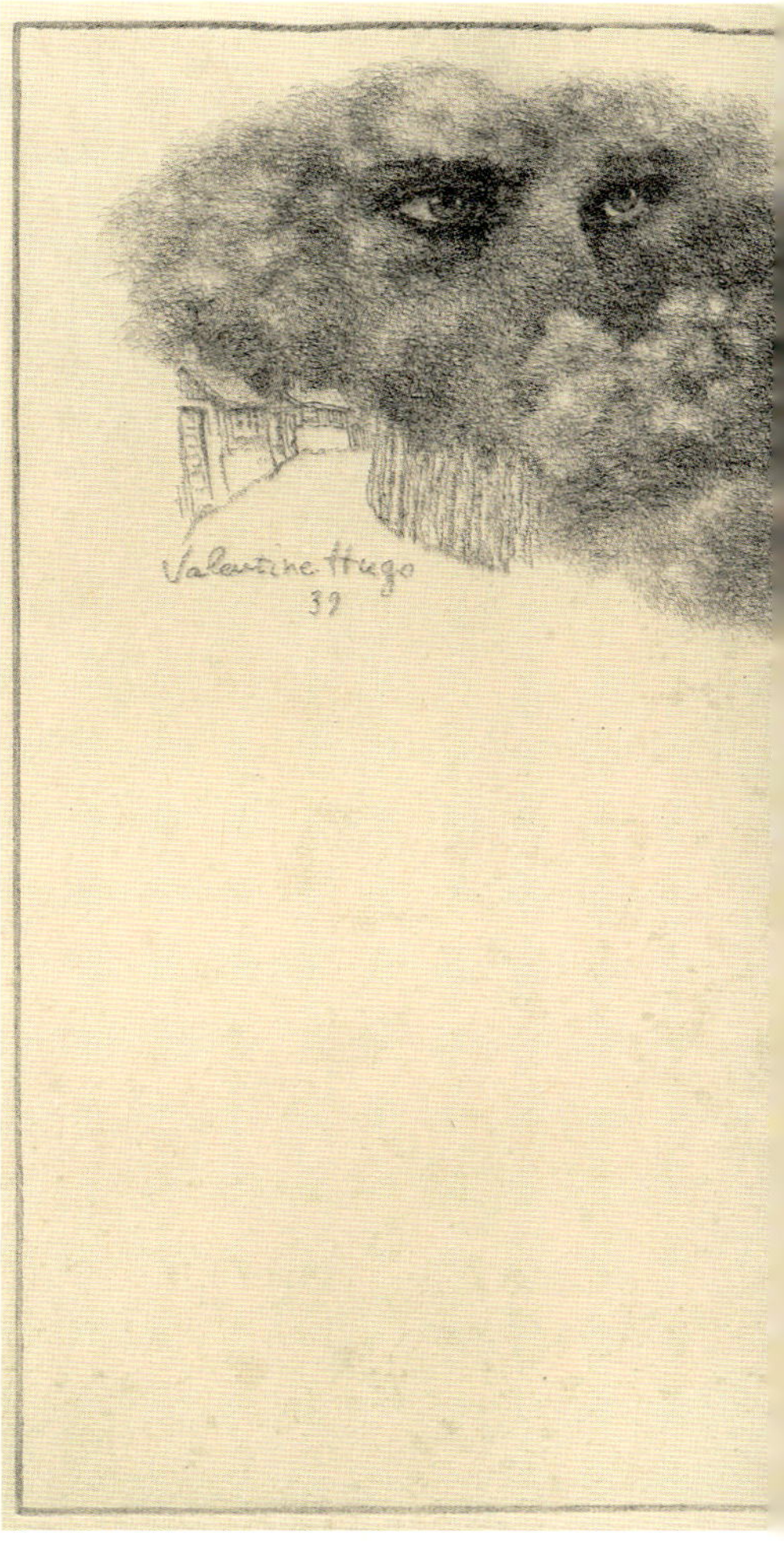

Valentine Hugo ヴァランチーヌ・ユゴー
「無題」
1939 年
リトグラフ

左
TOYEN トワイヤン
「Les Chauves Souris」
1940年
銅版画・手彩色
ED 26／35

右
Salvador Dali サルヴァドール・ダリ
「André Breton」
1928年
蔵書票

「アンドレ・ブルトン没後50年記念展」Galerie LIBRAIRIE6

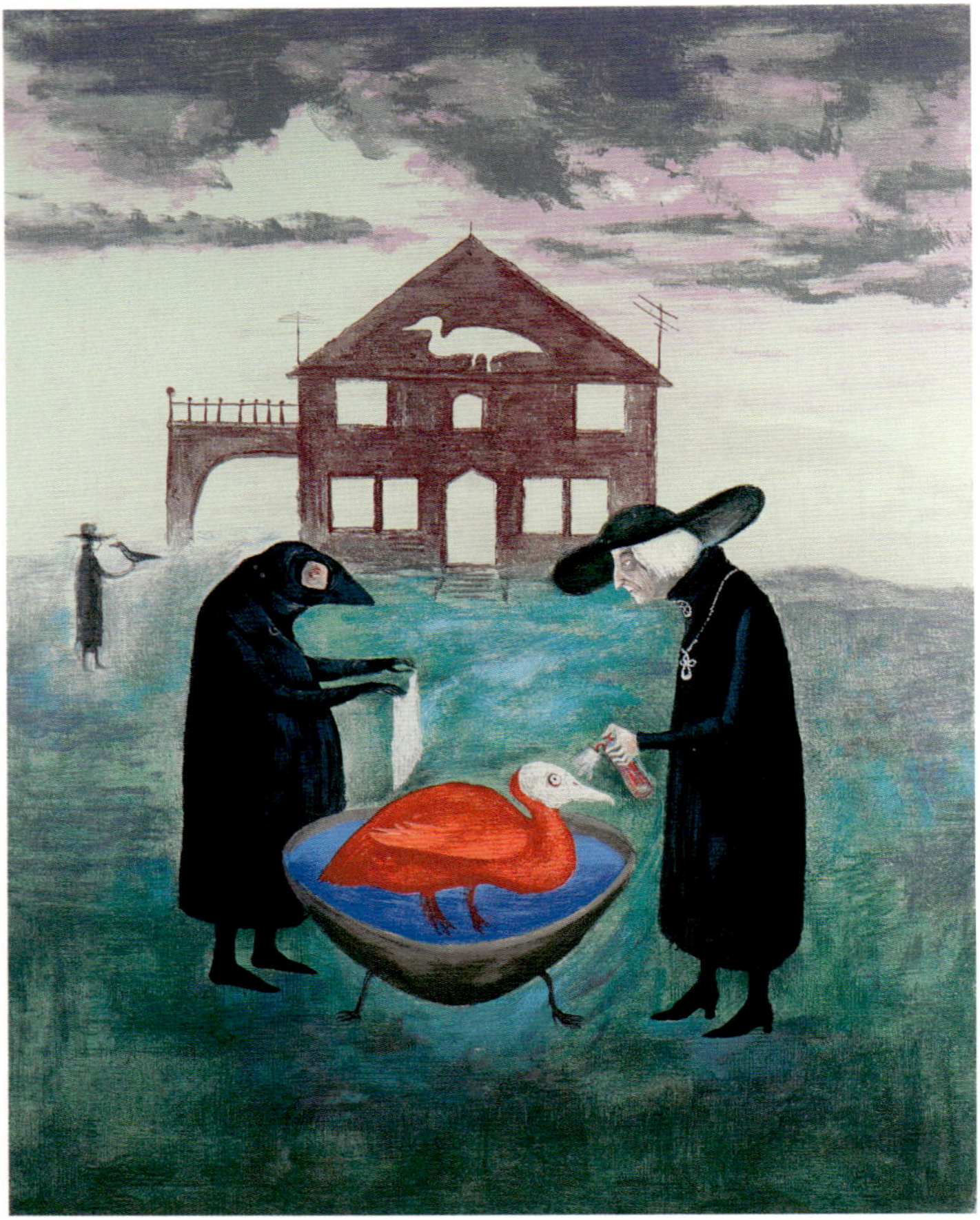

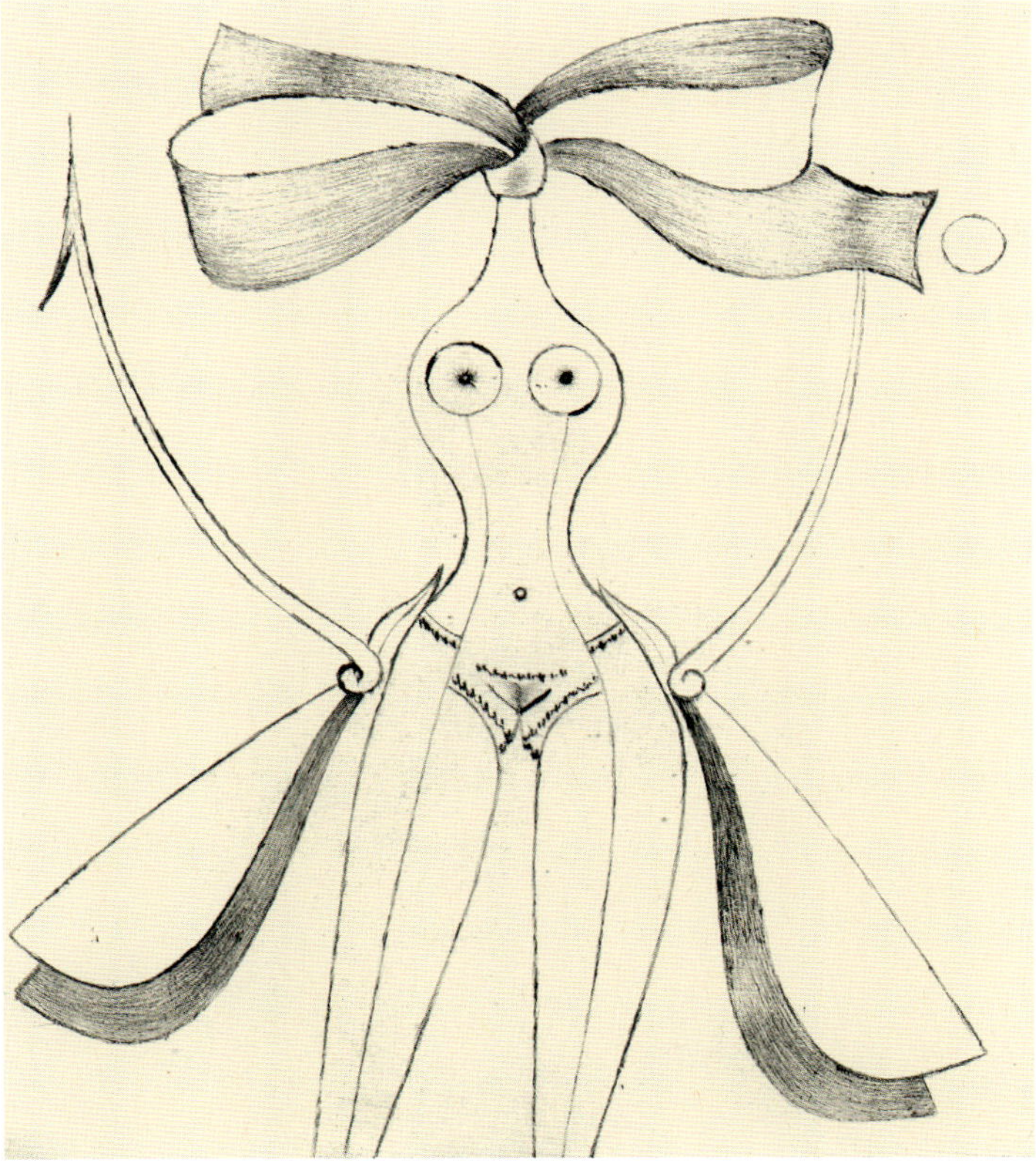

左
Max Walter Svanberg
マックス・ワルター・スワンベリ
「無題」
1960 年
ドライポイント

右
Leonora Carrington レオノーラ・カリントン
「Bard Bath」
1978 年
リトグラフ
ED103 ／ 150

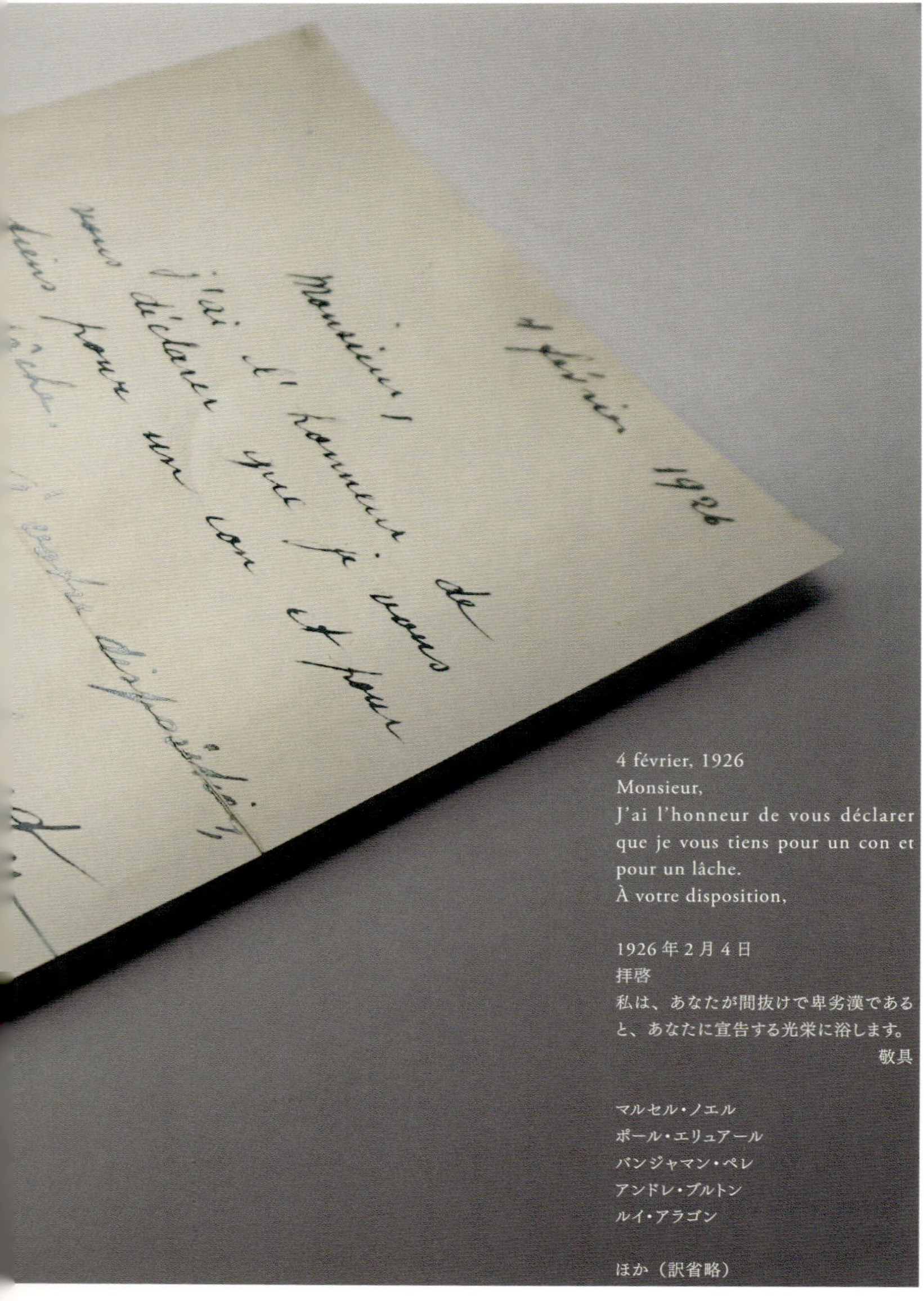

4 février, 1926
Monsieur,
J'ai l'honneur de vous déclarer que je vous tiens pour un con et pour un lâche.
À votre disposition,

1926年2月4日
拝啓
私は、あなたが間抜けで卑劣漢であると、あなたに宣告する光栄に浴します。
敬具

マルセル・ノエル
ポール・エリュアール
バンジャマン・ペレ
アンドレ・ブルトン
ルイ・アラゴン

ほか（訳省略）

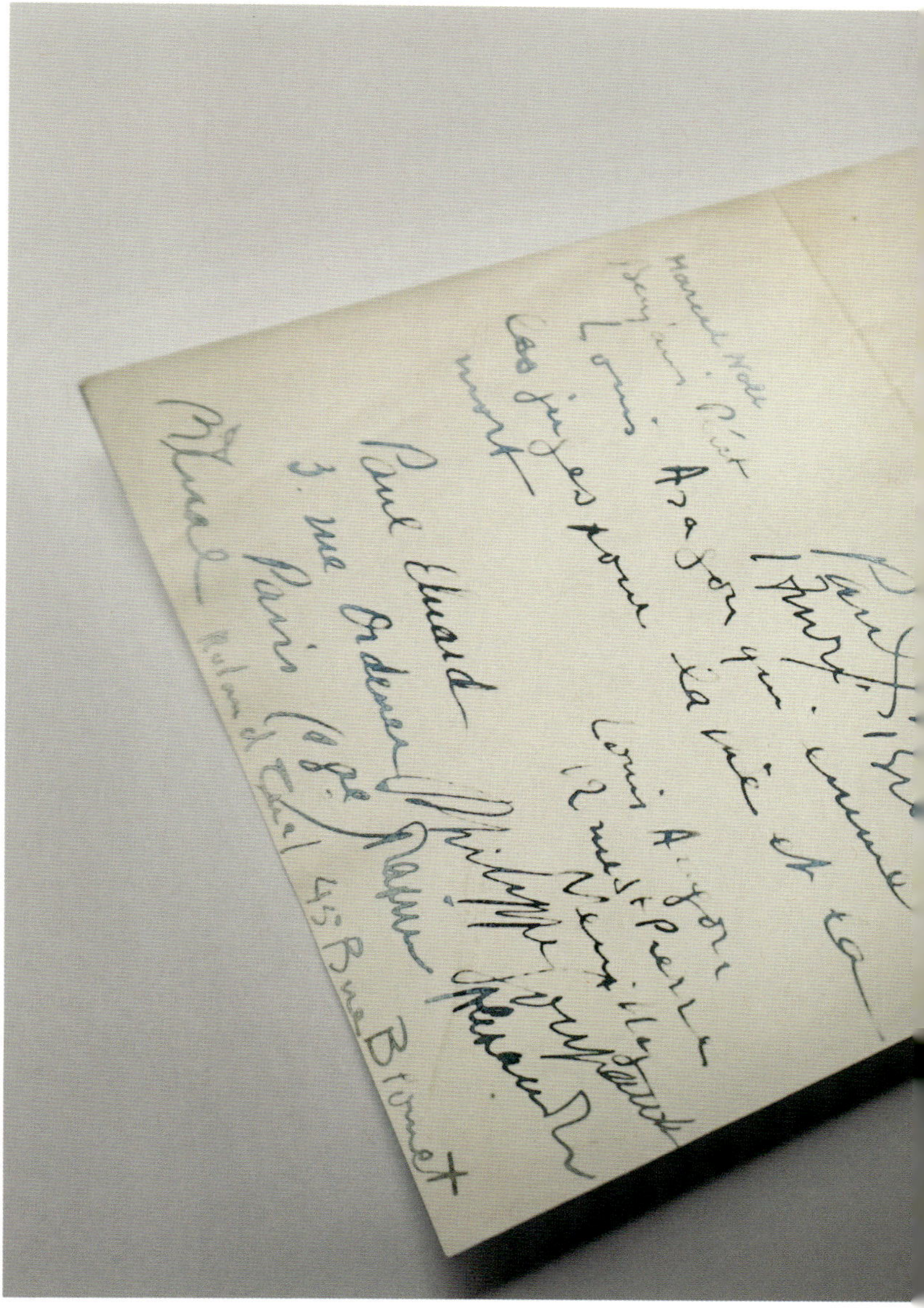
Paul Eluard
3. rue Ordener
Paris (18e)

Ⅳ

五十年後の夏——アニー・ル・ブラン来日記

Cinquante ans après——un été avec Annie Le Brun au Japon

松本完治

Cinquante ans après —— un été avec Annie Le Brun au Japon　Kanji Matsumoto

五十年後の夏——アニー・ル・ブラン来日記

松本完治

二〇一五年の春、アニー・ル・ブランの来日要請に向け、彼女に連絡を取り始めた頃、突如彼女から贈られてきたのが、ガリマール書店の新刊で、ラドヴァン・イヴシックの遺稿『あの日々のすべてを想い起こせ』*Rappelez-vous cela, rappelez-vous bien tout* だった。これを読んだ時、私は感動と同時に不思議な感慨に捕らわれたものである。

御承知のように、私は当書を訳してアンドレ・ブルトン没後五十年記念出版として刊行したわけだが、当書は、イヴシックが旧ユーゴのチトー独裁体制に抗して孤立に耐え、数々の偶然を経て、パリでブルトンに出会い、さらにまた数々の偶然を経て、ブルトンの死を看取ることになったという、いわゆる「客観的偶然」が繰り返し連鎖し続ける数奇な半生を綴ったものであった。

当書でイヴシックは、「客観的偶然」とは宿命論に陥るものではなく、ブルトンがヘーゲルやエンゲルスを援用して厳密に検証したように、気象学にも似て、不可視の精神エネルギーが磁力のように作用して遭遇するもので、偶然に見えながらも実は必然的な事象だと強調している。

こうした事象は、私たちの人生に少なからず起こるものと思うが、イヴシックのこの指摘に、私などは思わず納得してしまうのである。というのも、イヴシックとはレベルが違うが、このたびのアニー・ル・ブラン来日に至る背景には、偶然にしか見えない数々の出会いや遭遇が重なり合って、それが一直線に繋がっていくという、ある意味、明瞭な「客観的偶然」の連鎖によって実現できたように思えるからである。

発端――commencement　2012. 11～

想い起こせば、すべての事の発端は二〇一二年十一月のことだった。私はその前月に、マンディアルグの短篇『薔薇の回廊』を訳し、山下陽子さんの挿画で刊行していたのだが、その挿画を中心とした山下さんの作品展が高輪の啓祐堂ギャラリーで十一月に開催されることになり、東京へ久々に足を運ぶことになった。せっかくの東京行きなので、かねてより魅かれていたトワイヤンの絵、特にその銅版画やデッサンを直接目にできる場所はないか探していたところ、トワイヤンを何点か所蔵しているという東京・恵比寿の画廊「LIBRAIRIE6」を、山下さんを通じて紹介してもらったのである。

　オーナーの佐々木聖さんのご厚意で、トワイヤンの手彩色銅版画を見せていただいた時のことは、今でも忘れられない。特に、『塔のなかの井戸～夢のかけら』*Le puits dans la tour ~ débris des rêves* 豪華限定特装版八九部中、トワイヤン自らが手彩色を施した十五番までのうち、所蔵されていた八番本を開き、十二点のドライポイントを目にした時の衝撃といったらなかった。その時のことは、同書の拙訳本の解説で詳しく触れているが、これまで目にしてきたいかなる作品からも受けたことのない稀有な感覚に瞠目し、その映像が脳裏から離れなくなったのである。

　そう、すべてはそこからだった。佐々木聖さんがトワイヤンのドライポイントに添えられたテクストの詩文を邦訳で読みたいとおっしゃったこともあり、帰洛後、早速私は、フランスの古書店から同書の普及本を取り寄せて熟読してみたところ、いやはや、これまた稀有な感覚に漲っており、トワイヤンの作品に見事に交感・呼応した幻視的感覚の言語化というべきもので、私は即座に翻訳することを決断したのだった。

　詩文の作者、ラドヴァン・イヴシックについて、当時の私はほとんど知るところがなかったのだが、翻訳作業中に様々な関連資料を取り寄せて目を通していくと、驚くべき様々な事実が明るみとなってきたのである。というのも、詩文『塔のなかの井戸』は、アンドレ・ブルトンが死の一ヶ月前の夏に読んで絶讃していたこと、そしてこの詩は、実はアニー・ル・ブランへの狂おしい愛を綴ったものであること、さらにアニー・ル・ブランの処女詩集『即座に』*Sur le champ* が、この詩集と同じ一九六七年九月三十日に、同じ版元のエディション・シュルレアリストから、これまたトワイヤン挿絵、イヴシック題辞入りで刊行されていたことなどが分かってきたのである。

つまりこの『塔のなかの井戸』は、イヴシックとル・ブランとの愛が、初めて公の場で示唆されたものだったのだ。以後、イヴシックは妻であったマリアンヌと別れ、一九七二年四月十一日からル・ブランと共に暮らすことになるのだが、他にも様々な二人の事績を知るに及び、私は訳書『塔のなかの井戸〜夢のかけら』の解説に、二〇〇九年のイヴシックの死までの三十七年間に及ぶ二人の堅い精神的絆と孤絶の道程、詩や著作の紹介記事を詳述し、最後にこう結んだのである。「著者イヴシックの最愛の人、『塔のなかの井戸』のアマンでもある、パリに住むアニー・ル・ブランに、この極東の地から大いなる敬意を表して本書を捧げたい」と。

当時、アニー・ル・ブランと何の伝手《つて》もない私がこう結んだのも、訳書が彼女の手に渡るはずもなく、まったく私の希望を述べたに過ぎなかった。そうして翌二〇一三年九月に訳書を上梓し、佐々木聖さんのはからいで「LIBRAIRIE6」にて『夢のかけら〜シュルレアリスム』展として、出版記念展が開催されるに至ったのである。そう、これでひとつの流れが完結したはずだった。

幽かな糸 —— un fil faible　2014. 1 〜

ところが、翌二〇一四年一月、京都在住のフランスの女流作家兼コラージュ作家、ナディーヌ・リボーとの出会いが、この流れを引き戻すことになる。彼女は、画家・山下陽子さんのファンでもあり、自作の詩に山下さんの挿絵を添えて対訳版で出版したい希望を持っていたので、またしても山下さんの紹介で出会ったのだが、何と彼女は、シュルレアリスムに深く影響を受けた作家であり、現存するアニー・ル・ブランを最も尊敬していたのだ。ナディーヌ・リボーの自宅で、そのことに話が及んだ際、彼女は奥の書斎からイヴシックやル・ブランの著作を次から次へと持ち出してきたのだが、その時の稀有な感覚といったらなかった。狭い日本の京都で、私が蒐集し続けていたイヴシックやル・ブランの著作を、同じように所蔵しているフランス人とこの時期に出会うとは、偶然にしては出来すぎていると思ったからだ。

そのわずか半年後の七月、彼女の夫のティエリー・リボー（フクシマの原発災害の研究者で、彼もアニー・ル・ブランに深く傾倒していた）の仕事の都合で、彼らがフランスに帰国することになった際、私は、ひょっとすればと思い、『塔のなかの井戸』の訳書に手紙を添え、帰仏後、もし機会があれば、アニー・ル・ブランに贈呈してほしいと依頼したのである。彼らもまたパリのアニー・ル・ブランに会いたがっていたので、まさにベスト・タイミングだった。

ナディーヌ・リボーがパリでアニー・ル・ブランに会い、私の訳書を手渡してくれたのは、その年の秋、ちょうどオルセー美術館でル・ブランが主宰する『サド、太陽を撃つ』*Sade. Attaquer le soleil* 展が開催されていた時だった。ル・ブランにとっては、はるか昔の詩集、その邦訳書が極東の孤島から持ち運ばれ、それも自分とイヴシックの写真や著作の書影が多々掲載されているのを見て、ル・ブランの驚きはいかばかりであったろう。ル・ブランが大変喜んでいたとの連絡に私は胸をなでおろし、訳書を献呈するという一つの目的を果たせたわけだが、それも当初から思えば夢のようなことだった。

動機——motivation　2014. 11 〜

その当時、私はブルトンの『マルティニーク島蛇使いの女』*Martinique charmeuse de serpents* を翻訳していたのだが、当書は、現今の文明に対する根源的な批判を詩と散文と対話で展開したもので、荒廃せる現世界に危機感を募らせた戦後のシュルレアリスムを予告するものだった。第二次世界大戦中のマルティニーク島、そしてアメリカで書き継がれたこのテクストを深く読み込んでいくうちに、シュルレアリスムが何に賭けてきたのか、何に憤り、何に闘っていたのか、その輪郭が明瞭に見えるような気がしたのである。

二十一世紀の現代から振り返ると、二度の世界大戦、核の投下、大量虐殺、強制収容所……と、二十世紀の血塗られた幾多の災禍は、この文明が効率と合理性の諸価値を積み上げてきた帰結であったことが明るみとなりつつある。そしてブルトンの警告とはうらはらに、彼の没後から半世紀、時代は少しも方向転換をしないまま、物質的富に集約される効率と合理性が最高の価値基準として全世界に拡散したあげく、現代の危険極まる世界情勢が作り出された事実をも、今や否定できるものではないだろう。この半世紀に数々の思想、哲学が生み出されたが、それら理論的構築物がこの文明の功利的秩序の構築に一役も買ってはいないと誰が言い切れるだろうか。アニー・ル・ブランが指摘するように、この文明の諸価値に対して、唯一、シュルレアリスムだけが、知的・道徳的指標としての感性的価値、すなわち詩（ポエジー）を対置し、この文明の価値基盤を根底から覆す試みとして、破局的様相を呈した二十一世紀世界に対する唯一の突破口になり得るのではないかと、私は、昨今の《生き難い》世界に生きながら、ますますその思いを強くするようになったのである。

そうした思いから、ブルトン没後五十年に当たる二〇一六年を期して、シュルレアリスムの真価を伝える書物を少なくとも刊行しようと考え、命日の九月二十八日を中心に、他に何か世に訴えるイベントができないものかと、佐々木聖さんに相談を持ちかけたのが、トワイヤンの銅版画との出会いからちょうど二年後の二〇一四年十一月頃であった。シュルレアリスムを主体とする画廊のオーナーとして、彼女はこの提案を大いに意気に感じてくれ、命日の九月を照準に、アンドレ・ブルトン没後五十年記念イベントを共同で企画しようと意気投合したのである。

しかしイベントと言っても、アンドレ・ブルトンという巨大な思想家の没後五十年という節目を期すためには、決して生半可なものにしてはならず、記念出版と画廊での展示だけで、果たして画期的な内容にしていけるのだろうかと思案していたところ、どちらともなく口に出したのが、アニー・ル・ブラン来日招聘という、夢のような企画だった。とはいえ、いくら『塔のなかの井戸』の訳書がアニー・ル・ブランに間接的に手渡ったといっても、何の後ろ盾もスポンサーもない私たちからすれば、誠に非現実的な、空をつかむような話だった。

決断 —— décision

2015.4〜

そして年が明け、二〇一五年の春、私はフランス北部のブローニュ・シュル・メールに住むナディーヌ・リボーに連絡を取り、まず手始めにアニー・ル・ブランに次のような伝言を依頼したのである。二〇一六年九月にアンドレ・ブルトン没後五十年を期して、何か記念出版を刊行したいと計画しているが、短いものでよいので、ブルトンについてのエッセイを書いていただけないかと。さすがに私は来日招聘については言い出せなかった。なぜなら来日となると、航空費から滞在飲食費、謝礼など膨大な費用がかかる上、面識のない著名人にいきなり来日を依頼する唐突さに、まだ決心がつかなかったからである。

するとそれから二週間後、ナディーヌから返信があり、アニー・ル・ブランは、自分が新たにブルトン論を書くよりは、イヴシックの新刊書の方がよほど適しているので、私に献呈するとのこと、それでナディーヌは私の住所を彼女に伝えたとのことだった。そして数日後、言に違わず、ガリマール書店の編集者から私に一冊の本が届いたのである。それが冒頭で言及した『あの日々のすべてを想い起こせ』だった。それも当年四月に刊行されたばかりの新刊で、今から振り返ると、誠に時宜を得たタイミングであった。

早速一読してみた私は、旧ユーゴ時代のチトー体制の弾圧に抗して、一人孤立を貫いたイヴシックの精神エネルギーが、戦後フランスで、ブルトンやペレ、トワイヤンの精神ベクトルと大きく重なり合う軌跡に、目を見開かれる思いをしたのである。レジスタンスという名を借りた愛国主義、旧ソ連のモスクワ体制を是とする左翼系知識人やサルトルら実存主義者が一世を風靡するなか、ブルトンやペレ、そして共産主義圧政下のチェコから亡命してきたトワイヤンのもとへ、新たにイヴシックが加わり、彼ら四人は、最後まで全体主義的イデオロギーに対して徹底して闘い抜き、堅い精神的絆で結ばれていくのである。

当書を読んでいくなかで、私が強い衝撃を受けたのは、『塔のなかの井戸』の存在だった。一九六六年七月二十日、数年来の鬱病に苦しんでいたイヴシックのもとに、トワイヤンが眩いばかりの十二点のデッサンを見せ、詩を添えてほしいと申し出るのだが、それを見た瞬間に、彼は即座に詩想が湧き、鬱が解消するのである。そして詩を書くためにパリに留まり、ブルトンのいるサン＝シル＝ラポピーに一ヶ月ほど延着することによって、彼の運命が転換し、死を前にしたブルトンとの蜜月を過ごす決定的なきっかけとなるのだった。それは動機やレベルこそ違え、私がその三年前に、画廊「LIBRAIRIE6」で、トワイヤンの同じ絵を初めて目にした時と重なるような気がしたのである。事実、あの瞬間からの私の道筋は、数々の偶然を経ながら、一直線にアニー・ル・ブランに繋がりつつあり、見えない世界に流露する不可思議な縁を感じたものである。

さらに当書には、ペレ亡きあとの最晩年のブルトンが、古参のトワイヤンを例外として、大半の若いシュルレアリストたちの精神的姿勢に絶望し、唯一、イヴシックに信頼を寄せ（最若手のル・ブランにも期待を寄せ）ていたことが語られている。これはイヴシックが、共産主義の虚妄や資本主義の欺瞞を骨の髄まで知り尽くし、権力や体制のもたらすいかなる功利観念にも与しない不屈の詩人であったことを裏付けるものだ。当書を読み終えて、ブルトン、ペレ、トワイヤン、イヴシックという際立った反骨精神の流れ、これこそがシュルレアリスムの核心的な流れだという図式が明瞭に見えるような気がしたのである。そしてその精神の後塵を拝したアニー・ル・ブランが、ブルトンの生きた時代よりもはるかに《愚かしい》時代に対して、その多彩な言動と著作で、なおも立ち向かい続けていることに、改めて目を瞠る思いがしたのだ。そう、愚かしいこの時代、世界が一層欺瞞に満ちている中で、人間らしく生きるための《酸素》を必要としている人が必ずいるという確信、アニー・ル・ブランの言を借りれば「時間の解決してくれない生存することの困難さを考慮に入れる唯一の大規模な計画であったし今でもそうあり続けるシュルレアリスムは、現行の世界に決して甘んじることのないだろう全ての人々にとって、変わらず重要である。そういう人々は、世間が私たちに信じ込ませようとするよりも大勢いると、私は今でも確信している」という言葉に、私はアンドレ・ブルトン没後五十年記念イベントに、アニー・ル・ブランを呼ばない手はないとまで思うようになった。

共同企画者の佐々木聖さんと、その話をしていくなかで、アニー・ル・ブランに来日を依頼しようと決断したのは二〇一五年夏頃だっただろうか、それは何ら協力者やスポンサーのいない私たちの、不安に満ちた船出であったが、逆に言えば、過大な物理的負担に躊躇してこの機会を逃せば、大げさかもしれないが、これまで何のために生きてきたのかという重い悔恨に打ちひしがれそうな気がしたのである。それは若い頃から、シュルレアリスムを知ることによって、生き難い世を生きてこられたという強い思いであり、おそらく佐々木聖さんも同じ思いであったろう。

当イベントのカード型フライヤー（裏面）

起動 —— démarrage

2015.7〜

というわけで、私はナディーヌ・リボーに連絡を取り、アニー・ル・ブラン来日の腹案があることを伝えてみることにした。するとナディーヌは、素晴らしい企画だと大いに感激し、連絡の橋渡しをはじめ、絶対に実現できるよう、助力を惜しまないと申し出てくれたのである。このナディーヌの熱意がなければ、おそらくアニー・ル・ブランの来日は実現していなかっただろう。ナディーヌは、京都にいる時、「アニー・ル・ブランに捧げるオード」*Ode À Annie Le Brun* と題する長詩を書いて、その原稿を私にくれたことがあり、帰仏後は、私の訳書『塔のなかの井戸』の献呈をきっかけにル・ブランと知り合い、その後、ル・ブランの自宅にも招かれるほどの私淑ぶりだった。ナディーヌに言わせれば、アニー・ル・ブランの素晴らしさは、その著作や発言だけではなく、その素敵な人品にある、彼女こそは、まさに精神の grand Dame だと。

こうしてナディーヌの仲介のおかげで、話は順調に進んでいく。アンドレ・ブルトン没後五十年記念イベントとして、ブルトンやシュルレアリスムに係る講演会を東京で二回していただくことが具体的な依頼であった。その折りに、イヴシックの『あの日々のすべてを想い起こせ』とル・ブランの著作『換気口』*Appel d'Air* の邦訳を記念出版として刊行すること、そして来日期間に合わせて画廊「LIBRAIRIE6」で《アンドレ・ブルトン没後五十年記念展》を開催することがイベントの全容であった。ただし、何らスポンサーもなく手作りのイベントなので、渡航費や滞在飲食費など最低限の接遇しかできないことをご容赦いただきたい旨を、申し添えたのである。

するとアニー・ル・ブランは快諾し、そればかりか、邦訳書の刊行について、『換気口』は版権を自分が所有していて問題はないが、『あの日々のすべてを想い起こせ』については、ガリマール書店の新刊なので、翻訳権取得料が必要となる。少しでも安くなるよう、友人でもあるアントワーヌ・ガリマールに頼んでみようという申し出をしてくれたのである。ただでさえ来日の承諾が有り難い上に、経済的負担まで配慮する彼女の温情と、私たちの情熱を理解する聡明さに感動を覚えぬわけにはいかなかった。（しかしガリマール書店は、作家の口添えに左右されることがないよう、公正な料金システムを適用していた）。

そしてまたナディーヌの熱意が（自己のためでなく、思想信念上での熱意は敬服に値する）私たちの企画を大きく後押しする。彼女は私たちの企画が補助金の受給対象となって当然だと考え、補助金を受けられるよう、まずティエリーの知人であるフランス国立日本研究センター協力研究員のセシル・浅沼＝ブリスを通じて、在日フランス大使館の文化担当官ディアーヌ・ジョスに渡りをつけ、翌二〇一六年二月、飯田橋にあるアンスティチュ・フランセ東京の会議室で館長のジャン＝ジャック・ガルニエと一堂に会するよう手配したのである。佐々木聖さんと私、セシル・浅沼＝ブリス、ディアーヌ・ジョス、館長の五人で話し合いを持ち、私たちは当イベントの趣旨を説明、何らかの支援を要請したわけだが、文化担当官も館長もアニー・ル・ブランの名を知らず、また予算についてもすでに確定しており、補助金の支援は不可能とのことだった。しかし、私たちの熱意を感じたのか、館長は二階の映像ホール〈エスパス・イマージュ〉を平日の空いている時間に無料で貸すことなら可能と申し出てくれたので、早速、私たちは祝日の前夜である九月二十一日の予約を即断したのである。補助金こそ無理だったが、一〇八人収容のスペースが無料となったことは大きく、ナディーヌのおかげで、また一歩、前進したのである。

パリ事情——circonstances de Paris　2016. 2〜

二〇一六年二月の時点で、イベントに向けた私たちの経済的問題は、わずかにアンスティチュ・フランセ東京の会場費がクリアされただけで、相変わらず大きな課題となっていた。アニー・ル・ブランの来日費用に加え、私は記念出版として四冊の刊行を予定、佐々木聖さんは画廊の展示のための多数の作品収集という難題が立ちはだかっていた。美術館なら入場料を徴収することで、作品を販売する必要はないが、個人経営の画廊の宿命として、ある程度は作品を販売していかなければ経営は成り立たない。しかも《アンドレ・ブルトン没後五十年記念展》と銘打つからには、展示物のレベルを落とすわけにはいかず、それに加えてブルトンの自筆原稿や作品も、二〇〇三年の遺品オークションで高額で売りさばかれたこともあり、パリの古書店や画廊での販売額は手が出せないほどの高額となっていた。

そうした事情を汲んで、またもやナディーヌが、なんとブルトンの一人娘であるオーヴに手紙を書いて協力を要請してくれたのである。コラージュ作家として活躍しているオーヴは、一九三五年十二月生まれであるから、御年八十歳、私たちは大きな期待を寄せていたが、その返事は誠に冷たいものだった。ブルトン没後五十年に関連したいかなるイベントにも一切協力しないというのだ。理由は不明であり、ナディーヌはなんて悲しいことだろうと嘆じたものである。

のちにナディーヌは、オーヴについて、二〇〇三年の遺品オークションの問題が絡んでいるのではないかと憶測する。ブルトン夫人のエリザが三十四年間も守り続けてきたブルトンの膨大な遺品が、夫人の没後わずか三年で、オーヴがすべてを競売にかけた際、エリザと親密な関係にあったイヴシックやル・ブランは競売に対して不快感を示したという。そのことが、関係性の悪化を招いた遠因ではないかと。

いかにもありそうな話であるが、少なくとも真偽のほどは分からず、推測の域を出ないわけで、いずれにせよ、オーヴの協力を通じた夢のような展開は、断念せざるを得なかったのである。

出会いの数々——diverses rencontres　2016. 3〜

『塔のなかの井戸』の導きにより三年余り、徐々にではあるが、着実に目標に近づきつつあったが、先述したように、まだまだ課題が山積していた。ところが、思いもよらぬ数々の出会いが、すべて実現に向けて導かれていったのである。私はこうした幸運ともいえる偶然の事象が、『塔のなかの井戸』の導きの糸によるものではないかと今でも思っている。

まずは鈴木和彦さん。彼はパリ第十大学博士課程履修のため、パリ留学中であったが、京都大学の卒業生であったことから、その先輩にあたる人物と、偶然京都のカフェバーで話していたところ、鈴木さんの話が出、その紹介で、ブルトンのエッセイ集『等角投像』の部分訳をパリにいる鈴木さんに依頼したのが最初だった。彼がパリにいたこと、そして誠実で優しく、機転の利く思慮深い知的な人柄が、のちにアニー・ル・ブランから大いに好感を持たれることとなり、彼女の日常通訳者として、このイベントに大きく貢献いただくことになる。

次に前之園望氏。記念出版四冊刊行を前にして、多忙を極めていた私は、アニー・ル・ブラン著『換気口』を訳す暇もなく、また彼女の文章が難物であることから翻訳者を探していたわけだが、鈴木和彦さんから、彼の東京大学大学院時代の先輩に当たる前之園望氏を紹介されたのが最初だった。なんと氏は、ブルトンを専門にしている碩学の徒であり、まさに最高の適役であった。しかも、ちょうどリヨン第二大学博士課程を修了されて日本に戻ったところという、ベスト・タイミングであり、この難物をわずか四ヶ月という短い期間でお引き受けいただいたのである。氏がいなければ確実に実現できていない訳書であり、アニー・ル・ブラン本人の著作であるだけに、来日に間に合わなければ、大きな失態となったことを思うと、氏の四ヶ月間の労苦に改めて感謝するとともに、この出会いのタイミングに、やはり不思議な導きの糸を感じるのである。そしてまた、前之園氏の奥様の麻由美さんが、実は「LIBRAIRIE6」の開店当初からのお客様だったことも分かり、さらに驚くことになる。

というわけで、記念出版の翻訳やアニー・ル・ブラン来日時の日常通訳者について、まさに適役を得たわけだが、講演時の同時通訳者探しは企画当初からの難題であった。日仏会館付きのプロの同時通訳者に依頼することも考えたが、アニー・ル・ブランの難解な言葉を通訳するには、シュルレアリスムに関する知識が最低限必要である。それで頭を痛めていたところ、何かきっかけはないものかと、ダダ百年を記念するスイス大使館のイベントに参加した佐々木聖さんは、そこに参加されていた塚原史氏に偶然出会い、同氏に通訳を依頼したのである。返事は果たしてイエスだった。それを聞いた私は、またしても適役を得たことに、この道筋の幸運さを感じないわけにはいかなかった。なぜなら氏の著作『二十世紀思想を読み解く』を繙けば、西洋文明が二十世紀に入って大きなパラドックスにぶち当たり、「非人間的」な現実が出来した状況を鑑みると、人間の理性なるものがいかに無力であったか、理性的近代の終焉を意味するのではないかと問われている。この観点は、カタストロフが人間の想像力に与える深刻さを論じたアニー・ル・ブランの『堕落した眺望』*Perspective dépravée*（一九九一年）などに通ずるものであったからだ。おそらく塚原氏は、アニー・ル・ブランの思想に共鳴される（あるいは、されている）だろう、と意を強くしたものである。

しかし塚原史氏は、九月十八日の「LIBRAIRIE6」での講演は可であったが、二十一日のアンスティチュ・フランセ東京での講演は、どうしても都合がつかないとのことであった。またしても難題出来。京都盆地に籠ってフランス文学者とまったく交際がない我が身の世間の狭さを痛感したわけだが、またもや頼みの綱はナディーヌであった。というのは、夫のティエリーが、アニー・ル・ブラン来日時に、東京日仏会館でフクシマの原発災害に係るシンポジウムにアニー・ル・ブランを参加させようと企画しており、フランス現代思想を専門とする鵜飼哲氏にその司会を要請していたからだ。そこで私はナディーヌに鵜飼氏の連絡先を教えてもらい、氏に同時通訳を依頼したのである。鵜飼氏は、二十一日は勤務先の一橋大学がある国立市から会場まで駆けつける時間的余裕がないとのこと、代わりに友人でもある星埜守之氏が適役だからと、連絡先まで紹介してくれたのである。一面識もない私への親切なご対応に大きな感謝だった。そして鵜飼氏の紹介という名目で星埜守之氏に初めて通訳を依頼したところ、返事は果たしてイエスだった。星埜守之氏といえば、ブルトンをはじめシュルレアリスム紹介における我が国の代表的な研究者であるだけに、最高の適役であった。まさに最強の布陣で来日講演に臨めることに、我が身の幸運を謝すばかりであった。

パリでの初対面 —— première rencontre à Paris　2016. 6. 5

二〇一六年四月末に、私はアンドレ・ブルトン没後五十年記念出版第一弾として『太陽王アンドレ・ブルトン』を上梓し、その巻末広告に初めてアニー・ル・ブラン来日講演等、イベントの全容を告知した。いよいよ準備の詰めの段階に入ったのである。しかもアニー・ル・ブランと来日前に一度は顔合わせをして内容を詰めなければならず、私たちはパリへ行く必要があった。そこで北仏に住むナディーヌが、その後もアニー・ル・ブランと連絡を取ってくれ、日程調整の末、六月五日十四時に、ナディーヌ夫妻同伴で彼女の自宅に訪問することが決まったのである。やはりナディーヌがいなければ、アニー・ル・ブランにとっては、一面識もない日本人との初対面は高いハードルであったのだ。

そしていよいよ六月。長雨続きでセーヌが未曾有の増水に見舞われていたパリ。前月から、南仏のサン＝シル＝ラポピーを巡って、すでにパリに入っていた佐々木聖さんと合流、彼女は展示作品の探索・買入等、企画の難題に奮闘中であった。さらに、アニー・ル・ブラン来日時の日常通訳を依頼していた鈴木和彦さんや、北仏からやって来たナディーヌやティエリーと旧交を温め、いよいよ面会の日がやってくる。

『マダム・エドワルダ』の舞台となった娼婦街のあるサン・ドニ門の近く、古いアパルトマンの四階。そこが、イヴシック亡きあと、一人で暮らすアニー・ル・ブランの自宅だった。ナディーヌ夫妻、鈴木和彦さん、佐々木聖さんと私の総勢五人。ベルを押すと、小柄で痩身のアニー・ル・ブランその人が現れ、温かな微笑とともに握手で挨拶を交わす。客間に通されると、開放された小さな部屋が四間ほど見えるのだが、客間も含めて、すべて壁面はびっしりと本に覆われ、数々のタブローが散見し、トワイヤンの油彩が三点ほど目を引くのだが、なかでも代表作の一つ『親和力』に描かれた猛禽のブルーの鮮やかさが目について離れない。

一九四二年八月生まれであるから、御年七十三歳。ブラジルのサンパウロに二週間ばかり講演旅行に出かけていて、昨日帰仏したばかりと聞いていたが、まったく疲労の色が見えない。そして何よりも心を打たれたのは、ラディカルな著作とはうらはらの、柔らかで気品ある物腰と、可憐な声音であった。瀟洒な装いもさることながら、時折見せる笑顔が、往年はさぞかしと思うほど、愛らしくて魅力的である。さすがはイヴシックが愛を綴った『塔のなかの井戸』のヒロインであった。その導きの糸により、ついに面会できたことに、私の感慨はいかばかりであったろう。その場にいること自体が非現実的に思えてならなかった。

結局、十八時頃まで談話は長時間に及んだが、その内容は、誠に示唆に富むものだった。イヴシックの遺稿『あの日々のすべてを想い起こせ』をなぜ昨年に発表したのか、エロティスムをテーマにした一九五九年のシュルレアリスム国際展の意義、バタイユとアカデミズム、ブルトン最晩年のシュルレアリスム・グループの実態、ブルトンとイヴシックの遭遇の意味、サン＝シル＝ラポピーでブルトンと初めて出会ったこと……など、これらの会話は、すでに拙訳書『あの日々のすべてを想い起こせ』の解説に詳述したので省略するが、彼女の話しぶりは奥ゆかしく、知性のデリカシーとでもいうようなオーラを感じたものである。

ただ、イヴシックとの愛について私が水を向けると、初対面であったせいか、上手にはぐらかされた覚えがある。イヴシックと二人で暮らし始めたのは、二人ともお金がなかったから部屋をシェアしたまでだと。事実の一端には相違ないが、私情を極力抑えていたのが印象的だった。しかし彼女はこうも言っていた。当時（一九六五年頃）のシュルレアリスト・グループの男性はすべて自分に言い寄ってきたが（若い女性と見たら誰でも言い寄る連中だったが）、ただ一人、イヴシックだけが（ブルトンは勿論例外だが）言い寄らなかったと。その発言に、イヴシックがいかに謹直なダンディだったかという言外の含みを感じ、彼女のイヴシックへの愛と尊敬を感じたものである。

そしてまた、彼女自身、若い頃は反抗的なおてんば娘であって、狭いレンヌから飛び出し、二十歳の頃、友人たちと車でスペインまで放浪したこと、その帰り道で、友人の一人が詩を書いてブルトンに見せていたので、サン＝シル＝ラポピーに立ち寄り、ブルトンと初対面を果たしたこと、緊張して一言も口がきけなかったが、パリへ来るよう奨められたこと、それでパリへ行き、書いた詩をブルトンに見せたところ、常に好奇心旺盛で熱情的なブルトンはそれをべた褒めしてくれたのだが、それに対して、「ブルトンは褒めすぎなのよ」とお茶目に謙遜する彼女の表情に、往年の魅力の片鱗がほの見えるのだった。そこで私は、研究者の道は考えなかったのかと問うと、「私が人生に期待するもの、あるいはこの世界で探究したいものが、大学やその他の組織にあるとは思えなかったし、今でもそれは間違いではないと思っている。私にとっては、シュルレアリスムが最も近しいものだった」と。

こうした会話の他に、具体的な来日の話を進めるなかで、私たちの経済的課題も承知している彼女は、ナディーヌの奨めもあり、東京での講演のあとに自費で京都へ行きたいと希望したのである。自費はあまりに申し訳ないので、善処したいと答え、京都の行程を三泊四日とすることを取り決めた。すなわち九月十六日に羽田着、十八日に「LIBRAIRIE6」で講演、二十一日にアンスティチュ・フランセ東京で講演、二十二日に新幹線で京都へ移動、二十五日に東京へ戻り、夜に羽田発という九泊十日の来日日程が確定したのである。

『あの日々のすべてを想い起こせ』の解説にも書いたが、暇乞いをする間際、佐々木聖さんは、アニー・ル・ブランへのおみやげにと、紙に包んだ瑪瑙を差し出した。それはサン＝シル＝ラポピーのロット川沿いでブルトンが熱心に蒐集した同じ場所で拾ってきた瑪瑙だった。アニー・ル・ブランはその瑪瑙を小さな手でぎゅっと握りしめ、「Merci beaucoup」と、とても嬉しそうに微笑んだ。その透き通るように純粋な微笑といったらなかった。そうして三ヶ月後の九月に日本で再会することを約し、私たちはパリをあとにしたのだった。

開展まで――jusqu'au début de l'exhibition　2016. 6～

そして帰国後から、猛烈に多忙な日々が始まる。私は記念出版の残り三冊の九月同時発売に向けた執筆、編集、校正等作業に追われ、佐々木聖さんは展示作品の蒐集という難題に加え、月ごとの企画展に追われる毎日だった。そればかりか、私たちは九月のイベント広告の作成、情報誌への告知、講演予約受付の準備、アニー・ル・ブラン滞日中のスケジュール立案など、業務が山積する状況であった。

そうしたなか、ナディーヌから朗報が舞い込む。アニー・ル・ブラン来日の翌日に当たる九月十七日に、東京日仏会館で「長きにわたるカタストロフィ——チェルノブイリと福島前後の幻想」と題し、講師にアニー・ル・ブランを招き、ディスカッサントとしてセシル・浅沼＝ブリスと鵜飼哲氏が加わるセミナーの開催が決定されたとのこと。もともとアニー・ル・ブランの渡航費用は私たちの負担なので、その代わり、開催日の両三日間のル・ブランの滞在飲食費の一部と宿泊費を日仏会館が負担するというものだった。この企画は夫のティエリーの尽力によるもので、私たちの負担軽減のみならず、一九八六年のチェルノブイリ原発事故以来、早くから核の現実と人類の行く末を見据えていたアニー・ル・ブランの卓見を日本で聞けるとあって、誠に素晴らしい催しの実現だった。こうして、来日スケジュールの充実した具体化が始まり、見切り発車ともいうべき私たちの不安に満ちた船出が、様々な幸運に巡り合い、航行の針路がはっきりと見定められてきたのである。

そうして次に、パリの鈴木和彦さんから連絡が入る。六月の初対面以来、鈴木さんは、母親よりも年齢の離れたアニー・ル・ブランから親しくしてもらっていて、未知の日本へ行く前に、和食を体験してみたいとのことで、彼女の招きで日本料理店でご馳走になったという。彼女はお酒をほとんど嗜まないが、茄子の田楽や豚の生姜焼き、水菜のサラダなどを食し、バナナ以外なら何でも食べられるということだった。その折に、日本でぜひ文楽を観たく、費用は払うので予約をしてほしいと彼女から依頼されたのである。なぜなら伴侶のイヴシックは、文楽のテクストをフランスで最初に紹介した人なので、一度この目で実際に見てみたいとのことだった。アニー・ル・ブランの東京滞在で観劇可能な日は、講演のない九月十九日と二十日のみである。そこで鈴木さんは、東京の国立文楽劇場にネット検索してみたところ、九月の文楽公演の最終日が十九日で、ちょうど午前の部が、ぎりぎり空席があったので、即刻予約されたのである。演目は『一谷嫩軍記』（いちのたにふたばぐんき）、豊竹咲太夫や吉田蓑助らが出演する敦盛の軍記もので、一等席を押さえるという快挙だった。しかも鈴木さんも文楽を一度観たかったので自身の分も自費で確保したとのこと、これで二人が揃って観劇でき、またしても偶然の幸運がもたらされたのである。

そして数日後、今度は歌舞伎を観ることができないかとのこと、アニー・ル・ブランが言うには、日本へ行くのはおそらく残り少ない人生で最後になるだろうから、これも自費でまかなうので、高くてもいいから良い席で予約をしてほしいとのことだった。私は彼女の情熱に心を動かされ、すぐさま歌舞伎座のネット検索をしてみたところ、「秀山祭九月大歌舞伎」が一日から二十五日まで開演されていて、一等席が二席並んで空いている日が、九月十九日と二十日のみという、これまた偶然ともいうべき幸運、しかも二十日の昼の部に、唯一、花道に近い一階桟敷席が二席空いていたので、即刻予約したのである。演目は、染五郎、菊之助の『碁盤忠信』、吉右衛門の『一條大蔵譚（いちじょうおおくらものがたり）』で、夜の部の玉三郎『元禄花見踊』に比べれば地味ではあったが、もともと夜の部は二階の二列目以降の一等席しか空いておらず、選択の余地はなかった。こうして相次ぐ観劇のスケジュール確定に アニー・ル・ブランはいたく喜んでくれたのである。（ついでに京都滞在中の九月二十四日に観世会館での能も予約した）。

七月には、アトリエ空中線の間奈美子さんのデザインで、折りたたみ式のカード型フライヤーが完成、私たちは主だった書店や画廊、情報誌等に広報努力した他、八月一日から「LIBRAIRIE6」、「エディション・イレーヌ」各ホームページで、講演予約受付を告知、さらに私の方は、九月三日の「LIBRAIRIE6」開展まで、新刊三冊の急ピッチでの校正等多忙を極め、制作・造本の発注先である間奈美子さんの御尽力もあり、八月下旬に、相次いで完成にこぎ着けたのである。あとは、佐々木聖さんが、作品をいかに収集し、展示構想を立てられているか、最後の難題を残すのみであった。

イベント開始——début des manifestations　2016. 9. 3〜

「LIBRAIRIE6」主催「アンドレ・ブルトン没後五十年記念展」が、予定どおり九月三日にオープン、私はその当日、佐々木聖さんとの約束どおり、京都から駆けつけた。展示作品の一端は事前に彼女から聞いていたものの、全体がどうなっているのか、私も多忙で聞いておらず、彼女自身が常に不安がっていたので、いささか心配であった。

夕刻、「LIBRAIRIE6」にたどり着き、恐る恐る扉を開いてみる。壁面を見渡すと、晩年のブルトンが愛したブルターニュの画家、イヴ・ラロワの珍しい油彩がいきなり目に飛び込んでくる。さらに子細に眺めると、オーヴ鑑定書付きのブルトン本人の素晴らしいデカルコマニー、ドロテア・タニングのカラー・リトグラフ、スワンベリのドライポイント、イヴ・タンギーの珍しいエッチングの他、ヴァランティーヌ・ユゴーやマン・レイ、それに一九二六年二月四日付けの若きブルトンやペレ、アラゴン、エリュアールらの自筆サイン入り手稿が目に入ってくる。私の知らぬうちに、よくぞ個人経営の画廊でこれだけの作品を揃えたものだと思わず感嘆、彼女の人知れぬ努力と、ギャラリストとしてのセンス、その並々ならぬプロフェッショナルぶりに唸らずにはいられなかった。

そしてコーナーの目立つ場所に、記念出版の四冊、〈白〉の『太陽王アンドレ・ブルトン』、〈薄緑〉の『あの日々のすべてを想い起こせ——アンドレ・ブルトン最後の夏』、〈赤〉の『換気口』、〈濃緑〉の『等角投像』が並べられ、既刊書である〈ベージュ〉の『マルティニーク島蛇使いの女』、〈黒〉の『塔のなかの井戸〜夢のかけら』が横に添えられているのを目にして、労苦の末に搾り出したこれら我が成果物の勢揃いに、ある種の達成感を抱かずにはいられなかった。

閉廊時刻間際、アニー・ル・ブラン『換気口』の翻訳を短期間で成し遂げていただいた前之園望氏が、奥様の麻由美さん同伴で現れ、私たちはついに初対面を果たす。翻訳に対する正確無比の姿勢から、気難しい人物像を想像していたが、気さくで率直なお人柄が嬉しく、これまでの翻訳のご労苦を謝す。閉廊後、佐々木聖さんと前之園氏夫妻の四人で、近くの居酒屋で開展の祝杯を上げる。よくぞここまで来たものよと、アニー・ル・ブランの来日はまだではあるが、一つの大きな節目を迎えた私たちの感慨はひとしおであった。前之園氏夫妻が恵比寿駅から電車で帰られたあと、私は最も思い入れのある訳書『あの日々のすべてを想い起こせ』を佐々木聖さんに献呈した。「数々の縁(えにし)を経て、今日あることとの感謝と記念に」との献辞を書き入れて――。「LIBRAIRIE6」での『塔のなかの井戸』との出会いから四年、その導きの糸をたどって、今日に至ったことの、不思議な道筋に、ある種の感動を禁じ得なかったのである。

その一週間後の九月十日は、「LIBRAIRIE6」での私のギャラリートークの日だった。題して「アンドレ・ブルトンの遺志とは――アニー・ル・ブランへの流れ」。知名度のない私のトークにどれだけの方が集まるのか危惧していたところ、やはりル・ブラン来日に対する関心の高まりのせいであろう、定員三十名を上回る四十名以上の方に来場いただいた。前之園氏夫妻の他に、先頃『アンドレ・ブルトンの詩的世界』を上梓された朝吹亮二氏も来場されており、トークに慣れない私にとっては身の引き締まる思いであった。ブルトンからアニー・ル・ブランへ至る精神性の核心を、熱を込めてしゃべりまくった覚えがあるが、今となってはその詳細は思い出せない。ただ、従来のブルトン観の修正を促し、アニー・ル・ブランの訴えの真実を観衆に伝えたいばかりであった。

いよいよアニー・ル・ブラン来日まで一週間を切り、すでに講演の予約者は、十八日の「LIBRAIRIE6」では、定員三十名を上回って、立見も含め限界の五十名に近づきつつあった。二十一日のアンスティチュ・フランセ東京では、定員一〇八名に対して八十名に近づきつつあり、あとは飛行機発着時と講演日に、台風だけは来ないよう祈るばかりであった。

滞日記録——Document de séjour au Japon d'Annie Le Brun

アニー・ル・ブランの滞日期間である九月十六日から二十五日までの十日間については、事柄が多すぎるゆえ、以下に備忘録風に綴っていこうと思う。この期間、アニー・ル・ブランとの間の距離感が縮まり、親しみを込めて、あえてアニーさんと表記することをお断りしておく。

九月十六日［金］曇り　16, septembre

アニーさんが搭乗するエールフランス、パリ・羽田直行便は、前夜のパリ時間二十三時三十分発、日本時間十八時二十分に羽田着予定。出迎えに行くため、私は昼すぎから京都を出発、すでに一足早く来日していた鈴木和彦さんと十六時に「LIBRAIRIE6」で集合、佐々木聖さんと合流する。三人で電車に乗り、品川駅経由で羽田空港駅に十八時頃着。空港の国際線到着ロビーで、アニーさんを待つ。三人に高まる緊張感。

アニーさんにはビジネスクラスとエコノミーの間のプレミアムエコノミー席を予約していたが、約十二時間のフライトはさぞかしお疲れであろうと推測する。十八時三十五分頃、電光掲示板に到着の文字。大幅な延着もなく無事到着にホッと胸をなでおろす。入国審査や手荷物受取に時間がかかるゆえ、私たちはひたすら待つ。

しかし、なかなか入国ゲートから、それらしき白人女性が現れない。私たちはかなり不安になる。そして十九時十五分頃であろうか、小柄で痩身の白人女性が手荷物を載せた大きな台車を押しながら出てくる。「アニーさんだ！」。私たち三人は駆け寄り、ようこそ日本へと歓迎、三ヶ月ぶりの再会に握手を交わす。疲労の色が見えないアニーさんの素敵な笑顔。

タクシーで宿泊先である恵比寿の日仏会館へ向かう。東京の夜景。乗車中も元気に話し続けるアニーさん、フライト中によく寝られたという。

車中でアニーさんの今後の仕事に話が及ぶ。二〇一八年にヴァランティーヌ・ユゴー展がフランスで計画されていること、さらに同年末にチェコでトワイヤン展が計画され、その翌年にパリにも回ってくるが、双方とも企画・協力のオファーが来ているという。私がヴァランティーヌ・ユゴーとブルトンの関係に話題を向けると、ヴィクトール・ユゴーの曾孫のジャン・ユゴーの妻でもあったヴァランティーヌは、非常な金持ちで、車を所有して自ら運転もできたので、ブルトンやエリュアールらは、彼女を運転手代わりに、方々へヴァカンスに出かけたという。ヴァランティーヌは勿論ブルトンに恋をしていたが、彼にその気はなかったと。するとアニーさんは、「色々話し続けているけれど、窓外の夜景はしっかり見ていますよ」と、東京の夜の第一印象を聞こうとする私の機先を制するように、お茶目に言う。なんと機転の利く聡明な方だろう。

日仏会館に二十時過ぎ頃着。閉館後の時間であるため、警備員が最上階の六階の客室へ案内する。アニーさんの部屋は片方が全面ガラス張り、昼間はさぞ眺望が良いと察せられる。日常通訳として、鈴木さんも同じフロアの客室に投宿。

一旦、手荷物を置き、四人で佐々木聖さんが予約していたすぐ近くの焼き鳥店「鶏敏」で遅めの晩ご飯。通常の焼き鳥コースを食すと、関西より薄味の美味。日本酒をうまそうに飲む私を見て、興味深げに、そんなに美味しいの？　とアニーさんは微笑むが、彼女自身は一切お酒を飲まず、熱いお茶を所望。

そこでお約束の翻訳書『あの日々のすべてを想い起こせ』と『換気口』をアニーさんに贈呈、彼女はそれを手に取ると、装幀、造本が瀟洒で美しいと、いたく喜んでくれる。そしてカード型フライヤーも差し上げると、アニーさん自身のポートレートを中心にブルトン、トワイヤン、イヴシックの写真を配したデザインにご満悦の表情。アニーさんは少食で、すべてを手に付けず、主に野菜を少し食べられる程度。二十二時頃、日仏会館へお送りし、明日は、十一時頃に「LIBRAIRIE6」の展示を御覧いただくことを約束。お別れした後、佐々木聖さん曰く「凄く魅力的な女性。女性として惚れそうになる」と。私も深く納得。

そして佐々木聖さんは、明日、いよいよアニーさんが「LIBRAIRIE6」の展示を見るにあたって、彼女がどう反応するか非常に心配だと洩らす。というのも、作品中心の商業主義に、ブルトン同様厳しい姿勢を貫いてきたアニーさんが、この展示に反感を抱きはしないかと、佐々木聖さんは以前から不安がっていたのだが、私としては、それは大丈夫だと太鼓判を押す。なぜなら、聡明なアニーさんは、必ずや今回の記念展が商業主義とはほど遠い、採算を二の次にした努力の成果であることを見通されるだろうと。

九月十七日［土］曇り 17, septembre

約束の十一時に「LIBRAIRIE6」へ来てみると、すでにアニーさんと鈴木さんが来廊。アニーさんは、鮮やかな黄緑色のシャツに濃緑の葉状の首飾り、黒のスカートという、いつもながら瀟洒な装い。案内する佐々木聖さんは緊張の面持ち。私はアニーさんに声をかける、「これら展示作品は、佐々木聖さんがすべて一人で、利益を度外視して調達してきた努力の成果なのです」と。アニーさんは深く頷くと同時に「ガラスの城のように美しいギャラリー。素晴らしいわ」とにっこり佐々木聖さんに微笑みかけ、これで佐々木聖さんの緊張もいささかほぐれる。さすがはアニーさん、すべてを見通していると感じる。

コーナーに販売中の新刊『等角投像』を御覧に入れる。インドリヒ・ハイズレルの作品六点を掲載しているのを見て、アニーさんは全部自分が所蔵していると言う。そして彼女は鞄を開けると、エディション・マントナン刊『月の環』*Annulaire de Lune*（一九七七年）限定特装本七十五部中の六十一番本を私に、トワイヤンのエッチングを佐々木聖さんにプレゼント。わざわざパリから私たちのために持って来られたことに感動。アニーさんの詩集『月の環』は、普及本は持っていたが、限定特装本は見たことのないお宝で、ブルーの夫婦函を開けると、美しい濃緑の文字に赤紫のトワイヤンの挿絵をはじめ、見事な刷り。早速アニーさんに署名してもらう。アニーさんは署名される際、必ず色鉛筆を使われるので、私は用意していた色鉛筆函を差し出すと、本に合う緑を選ばれる。佐々木聖さんがもらったトワイヤンのエッチングは、縦長で薄桃色の紙に瞳が十二連、縦に連なった素晴らしい作品（＝本書の表紙画に使用）。私たちは大いに喜ぶ。

十六時から恵比寿の日仏会館で、アニーさんと塚原史氏、星埜守之氏との通訳打合せを予定しているので、十五時には客室に戻って準備をしたいとのこと、それで十四時半頃まで、近くのルノアール喫茶室で、アニーさんと鈴木さんを案内し談話。

エディション・マントナンの特装本はすべて洒落ていて贅沢だが、版元にパトロンがいたのかという私の問いに、パトロンなどいない、すべて自分たち（アニーさんとイヴシック、トワイヤン、ジェラール・ルグラン、ジョルジュ・ゴルドファン、ピエール・ポーシュモール）で費用を捻出していたとの答えに、私は彼らの努力に驚く。ブルトン亡き後、ジャン・シュステルら主流派に最も対立して運動の継続を訴えたのはヴァンサン・ブヌールだが、彼をどう思うかとの問いに、彼は詩を理解し得なかったし、書く詩もダメだった、だから賛同できなかったとのこと。

さらに質問はイヴシックの遺稿『あの日々のすべてを想い起こせ』に及ぶ。イヴシックの生前に彼がその原稿を書いていたのを知っていたのかとの問いに、フランス語の文法が正しいか校閲してほしいと彼から頼まれたので、目を通していたとのこと、しかし彼の突然の死で、心の整理をつけるのに長い時間を要し、二〇一五年の刊行に至ったという。そして私は、当書で、ブルトンが見事に自分の死を正確に予見していたことに触れ、まさに詩人の霊感ではないかと言うと、イヴシックもそうだったという。二〇〇九年十二月、死の一週間前、何ら病気でもなかったのに、もう長くはないと予言し、その四、五日後に心臓発作で斃れ、二日後の二十五日に息を引き取ったのだ。アニーさんのその時の口調は、イヴシックこそはブルトン同様、真の詩人であったという確信に満ちていた。

次に話題は生活の話へ。まず私自身が家の事情で大学院に進まず、生活の資を稼ぐためにのみ勤めを持っていること、またその勤めは純粋に経済だけの目的であるから、省エネを心掛け、その内容が文化芸術から遠ければ遠いほどストレスもたまらない、なぜなら最初から死んだ時間と位置付けているからと話すと、アニーさんは深く頷く。イヴシックは数カ国語を操れたのでラルース大辞典の執筆メンバーとしてのアルバイトもしていたが、他にも、一年のうち三ヶ月だけ会社に勤めて残業もこなしながら生活費を蓄え、あとの九ヶ月をゆっくり過ごすサイクルをとっていたと。そしてアニーさん自身も食品会社の伝票整理の仕事をしたことがあるという。そうした生活のための仕事はルーティン業務が最も楽だと意見が一致。私はこれが、職業として大学などの学術組織に属することを拒んだ代償なのだと思い、二人の稀有な詩人の生き方に改めて感動を覚える。

それから、現代の日本人が反抗心を自己規制して去勢化し、恋愛においても感情の乏しい傾向にあると私が指摘すると、その傾向はフランスでも同じだという。そしてあるアンケートによれば、日本人の夫婦のうち、半数以上がセックスレスの状態であるとのデータが公表されていると言うと、さすがのアニーさんもこれには目を丸くし、信じられないとのジェステュア。もしそれが事実だとすれば、人間社会はますます無機物化し、私たち人類に何ももたらさぬ肉体性のない思想がはびこる温床になるだろうと。つまりアニーさんは、セックスレスだから肉体性がないと言っているのではなく、感情や欲望の自己規制や欺瞞による衰弱のうちに、人間の人間たる所以である愛とエロティスムの本質が見失われることに危惧を抱いている、そう私は受け取ったのである。

時間は瞬く間に過ぎ、すでに十四時半、タクシーを拾い日仏会館へ戻るアニーさんと鈴木さんをお見送りし、私は「LIBRAIRIE6」へ戻る。今日は十八時から日仏会館主催でアニーさんを講師としたセミナー「長きにわたるカタストロフィ——チェルノブイリと福島前後の幻想」が開催されるので、そこで訳書を販売させてもらおうと、佐々木聖さんと共に、『あの日々のすべてを想い起こせ』と『換気口』各三十冊を鞄や袋に詰め、二人して重い荷物を担ぎながら、歩いて日仏会館へ向かう。

私たちが主催するアニーさんの講演の打合せのため、日仏会館の厚意で五階の広い会議室を借用、そこへ通訳をお願いしている塚原史氏、続いて星埜守之氏が来場、いずれも初対面で、ご足労をおかけしたことを謝す。塚原史氏は、ちょうど思潮社刊行予定の『ダダ・シュルレアリスム新訳詩集』を校正中とのこと、新たにアニーさんの訳詩を追加したい意向を示され、私も賛同。しばらくして、近くのカフェで旧交を温めていた前之園氏と鈴木さんも来場、そこへアニーさんが現れ、一堂会しての打合せ。小一時間ほどで終了、次に本日の日仏会館のセミナー打合せのため、ディスカッサントのセシル・浅沼＝ブリスと鵜飼哲氏、坂井・セシル日仏会館フランス事務所長が来場、私は鵜飼氏と初対面で、星埜氏の紹介を謝す。

塚原氏は所用のため帰られ、星埜氏は十八時からのセミナーを観られるとのこと、しばらく時間があるので、日仏会館の向かいにあるカフェへ星埜氏、前之園氏、鈴木さんと同行、ビールで歓談。佐々木聖さんは日仏会館で訳書の販売の準備をしてくれる。

十八時に一階ホールで「長きにわたるカタストロフィ――チェルノブイリと福島前後の幻想」開演。百席ほどの座席に四分の三ほどの来客。イヤホンで同時通訳。鵜飼氏がアニーさんの紹介をされ、本邦初訳の『換気口』をホール前で販売していることを広報してくれる。お気遣いに感謝。そしてアニーさんの講義が始まる。チェルノブイリや福島の原発災害によって、カタストロフィが人類の想像力に与える影響は著しく変質した。すなわち滅亡への感覚が現実のものとなり、人類の想像力は大きな損傷を被ったのだと。これは彼女の著書『堕落した眺望』に書かれているテーマで、イマジネーションの堕落によって危険な世界観が生じることに警告を発したものだった。講義が四十分程度で終わると、鵜飼氏は、この難解な思想をかみ砕いてこう解説する。「一九七〇年代に小松左京の『日本沈没』が一世を風靡したが、もし今、同じカタストロフィの小説が出たら、流行りはしない。それだけ私たちの想像力が変質していることがお分かりでしょう」と。

終演後、舞台の映像に『あの日々のすべてを想い起こせ』と『換気口』の書影が映され、坂井・セシル所長が広報してくれる。おかげで観客のなかで買う人が多く、ホール前の販売コーナーで私と佐々木聖さんは、販売の作業で大忙し、誠に嬉しいことであった。今晩は、日仏会館がアニーさんを主賓に鈴木さん、星埜氏、鵜飼氏を晩餐に招待とのこと、私たちはアニーさんの接待が不要となり、しばし恵比寿の飲み屋でリラックス。

九月十八日［日］曇り　18, septembre

今日はいよいよ「LIBRAIRIE6」でのアニーさんの講演。十七時からなので、その前に東京散歩を案内しようと、アニーさん、鈴木さんと十時半に恵比寿駅に集合。佐々木聖さんは画廊開展中なので共にできず、三人でメトロに乗り、湯島駅で下車。まず湯島天神へ案内。男坂を上がり、境内へ。泉鏡花の『婦系図』や新派演劇の舞台になった場所で、百年前は境内から東京湾の海が見えたと解説。アニーさんは、白い紙が多数結ばれた樹木や、手水場で参拝客が手を洗って口を漱いでいる光景を見て、あれは何？　と聞く。引いたおみくじの結び付けの風習などを解説。

女坂を下り、不忍池へ。途中、湯島の夜の歓楽街が横丁に見え、昼間ではあるが、アニーさんは立ち止まって、けばけばしい看板が乱立する猥雑な街路風景を自ら写真撮影。そうして、一面、緑の大きな蓮で埋め尽くされた不忍池へ出ると、アニーさんの顔が輝き、大いに喜ばれる。この風景は素晴らしいと。京都人の私もこんなに蓮が元気な晩夏の不忍池は初めてだ。広い空に蓮の緑の絨毯。しばし大きな蓮を子細に眺めるアニーさん、水面の亀やアメンボにも見入り、飽きることをしらない。「ドイツロマン派の小説に、大きな蓮の上で小人の男女が出会う場面があったことを思い出すわ」と。私はこの池が十八世紀の江戸期から漢詩や俳句の舞台になっていたこと、明治期には、枯れた蓮と失恋を詠んだ鉄幹の名詩『敗荷』や、鷗外の『雁』の舞台となるなど文芸に所縁の深いことを解説。するとアニーさんは私に「あなたは昔の日本文学が好きなのね。なぜ？」と聞かれる。「日本語の文章が現代よりはるかに美しいから」と答えると、アニーさんは深く頷き、「フランスでも状況は同じ。現代フランスの文章は美しくない」と。

上野駅に出る道すがら、アメ横の界隈に目を留めたアニーさん、歩いてみたいという。雑踏のなか、棒に刺した白瓜が売られていたので、買い求め、三人で食べ歩き。次にメトロで浅草へ。吾妻橋と隅田川へ案内するが、美しくない風景にアニーさん、興味なし。それで昼ご飯を食べようと、蕎麦屋の尾張屋へ入る。唯一空いていた席が冷房の前で、寒がりなアニーさんが上着を着だしたので、鈴木さんが店員に冷房を弱めるよう依頼。アニーさんに食べてもらおうと蕎麦を注文、しかし少食な彼女はまれる。蕎麦の麺には手をつけず、スープ代わりに汁を掬って飲彼女自身これで充分だと。割り箸には興味を示され、パリで箸使いを少し練習したのよと、お茶目に言われる。私はアニーさんに見せようと、板わさとそば味

不忍池にて

噌、日本酒を注文、またしてもおいしそうに日本酒を飲む私を見て、そんなに旨いのかと微笑まれる。アニーさんは試しに板わさを食される。まあまあの味。

雷門や浅草観音界隈を歩くが、アニーさん、だいぶんお疲れと見え、ほとんど感想なし。それでタクシーを拾い、上野駅へ出、十五時頃、恵比寿駅に戻る。開演前の十六時半頃に「LIBRAIRIE6」に来場されるよう約束して、アニーさんと鈴木さんは日仏会館で休憩。

「LIBRAIRIE6」十六時。開演前一時間で佐々木聖さんは一旦閉廊し、会場準備。今日は立ち見も含め限界の五十人が予約、キャンセル待ちが三人という満員御礼。十六時半開場、前之園氏夫妻と前之園氏のお姉様、根岸徹郎氏、阿部賢一氏、後藤美和子氏、馬場駿吉氏、樋口良澄氏、古書肆マルドロールの小山富士子さん、画家の山下陽子さん、アトリエ空中線の間奈美子さん、思潮社の出本喬巳さん……と錚々たる識者が来場、緊張感が高まる。そして通訳の塚原史氏が来場され、ご足労を謝す。十六時四十分頃、アニーさんと鈴木さんが来場、開演までアニーさんは塚原氏と事前調整。

十七時、予定どおり「かつてあったこと、それはこれからも起こるだろう――シュルレアリスムと抒情による蜂起」と題して講演が始まる。その内容は本書に掲載されているとおりだが、小声ながらもアニーさんの一言一言は力強く、塚原氏の巧みな注釈も入り、深く鋭いものだった。質疑応答も含めて約一時間半、まさしくシュルレアリスムの本質を穿つ内容に、主催者としても大きな達成感を覚える。閉演後、東京都庭園美術館の神保京子さんから、今回のブルトン没後五十年の企画を実行した努力に、過分のお褒めをいただく。肩の荷が下りる思いがし、ご厚意に感謝。

その後、アニーさんと塚原氏を主賓に、近くの料理店へ。仏語を話せる前之園氏や阿部氏らも同席、十数人で晩餐。宴が終わったあと、佐々木聖さん共々、アニーさんと鈴木さんに、明日の国立文楽劇場での待ち合わせを約して散会。

九月十九日［月］曇りのち雨　19, septembre

台風が日本南海上に数日前から停滞したままで、アニーさん来日以降、一度も陽が射さず、しかも南海上の台風がいつ本土に上陸するか分からぬ状況に不安を覚える。二十一日だけは避けてほしいと祈りながら。

朝九時半、半蔵門の国立文楽劇場前に私と佐々木聖さんが先に集合。実は、佐々木聖さんのはからいで、アニーさんに文楽の舞台裏や人形、楽屋等を御覧いただけないかと、フランス文学・演劇研究で著名な根岸徹郎氏に依頼、氏の手配により、開演一時間前の十時から舞台裏を見せていただけることになったのだ。

しばらくして、当の根岸氏が来られ、私たちは氏の御尽力に感謝、そして十時前にアニーさんと鈴木さんが到着、根岸氏の案内で私たちは普段絶対に入れない舞台裏へ。

開演前なので、多くの袴姿の関係者が廊下を行き来し、慌ただしい状況のなか、人形遣いの吉田和生さんが来られ、人形を見せていただく。微妙な指使いで表情が変わるなど精巧な仕組みに驚く。近くで見ると思いの外大きく、実際に持たせてもらうと、娘の人形でもかなり重く、これを支えて演じることの腰や腕の負担たるや、相当な重労働であることが実感される。吉田和生さん曰く、だから人形遣いは体を鍛練しなければならないと。アニーさんに、実際に人形の中に腕を入れ支えてもらう。晴れやかな笑顔で感動を露わにするアニーさん、娘の人形の次に、重たい悪役の人形の中へも腕を入れ、吉田さんの指導で眉を動かすなどの所作を試す。そして回り舞台の裏へ案内され、様々な貴重な説明を受け、最後に皆で記念撮影。特別に良い体験をさせてもらったと、アニーさんは、根岸氏と佐々木聖さんに何度も感謝される。そして『一谷嫩軍記』が十一時に開演されるので、アニーさんと鈴木さんは正面入口から入場、晩ご飯を共にすることを約して、私と佐々木聖さんは帰途につく。

国立文楽劇場の楽屋裏にて

十七時頃、鈴木さんからのメールで、文楽を見終わり、無事宿泊先の日仏会館に着いたとのこと、さすがにアニーさんはお疲れなので、晩ご飯はやや遅い十九時半で良いかとのこと、それで私と佐々木聖さんは十九時半に日仏会館へお迎えにあがる。今日は昼過ぎから雨が降っており、時折雨脚が強い。そこへ前之園氏夫妻も来られる。実は今夜は、前之園氏の奥様の麻由美さんの紹介で、下目黒の創作料理店「ヌフ・バー Neuf Barre」を予約していただき、アニーさんに一席設けることになっていた。アニーさんと鈴木さんが一階ホールに現れ、私たちはタクシー二台に分乗し下目黒へ。お店はアットホームながらも洒落ていて、非常に良い雰囲気。小さな店なので六人で貸切り。雑音も聞こえず、これならアニーさんもほっこりされるであろう。

アニーさんが文楽は大変良かったと感想を述べられ、改めて見学の手配をした佐々木聖さんに感謝。鈴木さんも生まれて初めて文楽を観て感動したとのこと、皆で乾杯。アニーさんはいつもながら熱いお茶だが、料理が和風の惣菜風創作料理が主で非常に美味。比較的アニーさんの口に合うと見え、ひと安心。

会話が良い雰囲気で流れ、話はトワイヤンやインドリヒ・ハイズレルのことに及ぶ。佐々木聖さんがサン＝シル＝ラポピーのブルトンの家の庭に嵌め込まれた数個の瑪瑙を撮影し、私がその写真を訳書『あの日々のすべてを想い起こせ』に掲載したのだが、あの瑪瑙の嵌め込みはハイズレルの手によるものかと訊ねると、私の予想どおりアニーさんの答えはイエスだった。やはりハイズレルは偉大だと言うと、アニーさんは次のように述べられた。「トワイヤンは、年下のハイズレルをチェコでかくまい、一九四七年に二人でパリへ亡命してきたが、ブルトンらシュルレアリストもアメリカから帰国直後で、運動の立て直しに悪戦苦闘している最中だった。そこでブルトンを助けようと、若いハイズレルが編集に携わり、戦後初となるシュルレアリスムの機関誌『ネオン』を創刊した。この『ネオン』は素晴らしい出来で、トワイヤンが自ら制作費を出資したのだ」と。私は戦後フランスの思想状況がナチズムの反動で、共産主義への親近性を示しているなか、逆に共産主義圧政の辛酸を舐めたトワイヤンとハイズレルが、いかにシュルレアリスムやブルトンに惹かれ、そこに賭けてきたのか思い知ると同時に、ハイズレルが一九五三年に三十八歳の若さで急逝したことを惜しんだ。

次に話はエルンストの除名のいきさつについて。一九五四年、エルンストがベネチアのビエンナーレで大賞を受賞したことから、若いシュルレアリストたちが受賞を非難、除名を提議し、ブルトンは一旦エルンストを擁護するが、除名処分に賛同する者が大勢を占め、やむなく除名となった事件であるが、ブルトンにしてみれば、晩年に至ってもエルンストとドロテア・タニング夫妻と夫婦で親交を深めていただけに、苦渋の決断であったに相違なく、それだけにこの除名処分は厳しすぎるのではないかと、私が投げかけると、アニーさんのコメントは次のようなものだった。「戦後、シュルレアリスムは消滅したものと見なされ、エルンストの絵も旧弊な芸術として黙殺され、まったく絵が売れず、パリに戻っていたエルンストは特に貧困に喘いでいた現状があった。由緒あるベネチア・ビエンナーレの大賞は、彼にとっての現状打破であったし、受賞を拒否できなかった事情もわかる。しかし、エルンストは他のシュルレアリスムの画家と違い、シュルレアリスム運動の草創期から、ある意味、ブルトンより過激に運動を推進してきた当事者であり、数々の除名にも賛同してきた人物であったことが、厳しい処分に繋がったのだと思う」と。

他にも様々な話題で盛り上がり、ひと通り食事を終え、散会、相変わらず雨が降り止まぬなか、タクシーで帰途。

九月二十日［火］雨時々曇り　20, septembre

今日は歌舞伎の観劇で、朝十時に私一人で日仏会館へお迎えに上がる。生憎の雨。台風が東海地方に接近、非常に心配である。アニーさんと鈴木さんが現れ、タクシーで築地の歌舞伎座へ。車中、話の流れのなかで、ルネ・シャールの名が出、アニーさんが下らぬ詩人と揶揄。対独レジスタンスの愛国者だったシャールゆえ、その詩も深味を欠いていると私は思う。途中、六本木の高速道路下を走っていると、アニーさん、あまりの風景の醜さに眉をひそめる。六本木ヒルズの高層ビルが見え、私がネオ資本主義の象徴と解説すると、さもありなんと頷く。

歌舞伎座に到着、演目は昼の部、染五郎、菊之助の『碁盤忠信』、吉右衛門の『一條大蔵譚（いちじょうおおくらものがたり）』。桟敷席なので、ゆっくり幕の内弁当でも買ってくつろいだらいいよと私は鈴木さんに言い、入り口でアニーさんと鈴木さんを見送る。

私はメトロで恵比寿駅に戻り、閉廊日であるが、佐々木聖さんが待っている「LIBRAIRIE6」へ。明日はアンスティチュ・フランセ東京でアニーさんの二回目の講演、そのため当会場で販売しようと『あの日々のすべてを想い起こせ』三十冊と『換気口』五十冊を鞄や袋に荷詰め。他に関係者席の札などのグッズを準備し、二人して大きな荷物を多数担ぎながら、経費節約のため、タクシーを使わず、電車で飯田橋のアンスティチュ・フランセ東京へ向かう。幸い雨は止んでいたものの、本当に主催者二人のみの手造りのイベントであることを実感する。

途中、山手線の代々木駅で中央線に乗り換えようとするが、私はもちろん、佐々木聖さんもこの場所は不案内で、私たち二人はキョロキョロと乗り換え口を探してしばし右往左往。重い荷物を担いでいる二人組のこの様子に、佐々木聖さんは「まるで私たち、地方から出て来た出稼ぎ労働者みたい」と自嘲。これには私も笑いを誘われ、一時代前によく見かけた出稼ぎ者が商売道具一式を背負って東京に住み込む絵を想像してしまう。

十四時頃、アンスティチュ・フランセ東京に到着、親切な技術部の係員が二階の〈エスパス・イマージュ〉へ案内してくれる。百八席の映画館だが、舞台があり、そこに机と椅子を置き、マイクを接続すれば立派な講演会場となることを確認。本などの荷物を預け、明日十七時に準備に来ることを係員に約して会場をあとにする。

次に、今晩のアニーさんとの夕食場所の選定、さらに明日の講演会後の接待場所を探そうと、アンスティチュ・フランセ東京の一階ロビーで、いい店はないかとネット検索をし、佐々木聖さんは知人に電話で知っている店を聞くなど、選定に悪戦苦闘。長時間探した末、今晩の夕食場所は、アニーさんに夜の新宿歌舞伎町を見てもらうのに合わせ、新宿三丁目の老舗天ぷら屋「船橋屋本店」を予約、明日の講演会後の接待は十三名ほどの来客が予定されるので、そのスペースがある神楽坂の和食ダイニング「花かぐら」を選定する。「花かぐら」は近くなので、二人で歩いて行き、下見をさせてもらう。天井が低いのが難だが、十名以上の部屋の予約が可能なのはこの店だけだったので予約を申し込む。

気がつけば既に十七時半、アニーさんと一緒にいる鈴木さんから連絡が入り、歌舞伎観劇後、銀座でお買い物とのこと。アニーさんは三宅一生と知り合いだそうで、ISSEY MIYAKE の店で好みの衣装を探しており、メトロで新宿に着くのは十九時頃とのこと。私たちも新宿へ向けて中央線で移動する。

新宿に着くと、雨脚が強くなり、天気予報を見ると、ついに台風が東京付近を深夜通過するとのこと、明日の講演日の来襲を免れたことに安堵するが、今晩の歌舞伎町見学は断念。私たちは先に「船橋屋本店」に入りアニーさんたちを待つ。

夕食を共にするのは、鈴木さんの知人でレーモン・ルーセルやジュール・ヴェルヌの研究で著名な新島進氏と、私のジャック・リゴーの共訳者である亀井薫氏。アニーさんと鈴木さんも来着し、六人で歓談。アニーさんは桟敷席が素晴らしかったと私に礼を言われる。そして歌舞伎の感想を伺うと、歌舞伎も良かったが、やはり文楽の方が素晴らしかったと。私の予想どおりであり、太夫と三味線方と人形遣いの三者が一体となった文楽の方が、リアリスティックな歌舞伎よりもポエジックであるから好きだと言うと、アニーさんも同感。

アニーさんには、『レーモン・ルーセル、言語深層下における二万もの場所』*Vingt milles lieues sous les mots, Raymond Roussel* という著作があり、新島氏とアニーさんはしばらくルーセルについて歓談、しかしアニーさんが主に、熱いお茶と漬物を食され、あまり天ぷらを召し上がらないことに気づく。やはり彼女は、フランス人らしからず、油っこいものや肉類は好みではないのだと確信する。

台風が接近しているのと、アニーさんも長時間の観劇でお疲れなので、二十時頃に散会、外に出るとさらに雨脚が強く、佐々木聖さんが走ってタクシーを見つけてアニーさんの前へ車を付けさせ、アニーさんと鈴木さんをお見送りする。

九月二十一日［水］曇り　21, septembre

台風一過、晴れ上がると思いきや、相変わらずの曇天。今日は、アンスティチュ・フランセ東京での講演準備で、私はアニーさんのお伴ができないため、アニーさんと鈴木さんの昼間の行き先について、朝から佐々木聖さんが、現在東京で行われている様々な美術系の催し物の情報を鈴木さんにメールで提供する。アニーさんと鈴木さんが選んだのは、江戸東京博物館の企画展「伊藤晴雨幽霊画展」を見、神田猿楽町の五拾画廊で江戸の春画を見るというコース。そのあと二人は十六時頃に日仏会館に戻り、休憩後、講演三十分前の十八時半にアンスティチュ・フランセ東京に着くようタクシーで移動する手はずとなった。

私は一旦「LIBRAIRIE6」へ。開廊中であるため、身動きの取れない佐々木聖さんの代わりに、日仏会館フランス事務所へ行き、十七日に販売した売れ残りの本を預けていたので「LIBRAIRIE6」に持ち帰る。鈴木さんから連絡、アニーさんが少し早い目にアンスティチュ・フランセ東京へ行って、通訳の星埜守之氏と事前打合せを再度したいとのこと、それで私は星埜氏に十八時過ぎに来場していただくようお願いする。

十七時、アンスティチュ・フランセ東京〈エスパス・イマージュ〉着。店番を知人に頼んで出てきた佐々木聖さんと合流。後から応援部隊として、平岩壮吾氏と造本家の佐野裕哉氏が来着。技術部の係員とマイク調整等、手はずを整える。

十八時、ポツポツと予約者が来場、私は一階でアニーさんや星埜氏を待つ。二階の受付は、入場料徴収と本の販売で、佐々木聖さんが大忙し。喫煙所で星埜氏を見かけ、ご足労を謝す。十八時二十分頃、鈴木さんから連絡、タクシーで近くまで来ているとのこと、駐車場へ駆けつけ、アニーさんをお迎え。素晴らしく洒落た衣装。鈴木さんによると、昨日、銀座で購入したISSEY MIYAKEの衣装とのこと。まさに舞台衣装だ。

一階の喫茶室におられた巖谷國士氏が、アニーさんをホールまで出迎えられ、数十年ぶりの再会に握手を交わされる。そして喫茶室で、星埜氏とアニーさんが事前打合せ。私は鈴木さんに昼間の状況を訊ねる。「伊藤晴雨幽霊画展」はもう一つだったが、江戸の春画に、アニーさんはかなり興味を持たれ、画廊の方に丁寧に解説いただいたおかげで、ルーペで子細に春画を観察でき、充実した時間を過ごしたと。

十九時の開演五分前、アニーさんと星埜氏を会場に案内。百八席の会場には、予約キャンセルもあったが八十名を超える観客。巖谷國士氏、朝吹亮二氏、根岸徹郎氏、後藤美和子氏、新島進氏、阿部賢一氏、中田健太郎氏、前之園望氏夫妻とお姉様、思潮社の出本喬巳氏、水声社の廣瀬覚氏ら識者の他、京都からは画家の山下陽子さん、アトリエ空中線の間奈美子さん、有名カフェ《アナベル・リー》の店主・伴田忍さんらが来場、若い人も目立ち、熱気に包まれる。

十九時、予定どおり開演。まず司会の私がアニーさんと星埜氏を紹介、「若き見者よ、次に語るのは貴方だ

――アンドレ・ブルトン、近くから、遠くから」と題して講演が始まる。その内容は本書に掲載されているとおりだが、十八日同様、発言が誠に刺激的で示唆に富むものだった。

　そして題名どおり、次に語るのは若い人だと締めくくって講演が終わると、アニーさんの指示で、質疑応答を受け付ける。すると、若い観衆から、この二十一世紀世界での生き方について、熱意ある質問が出される。それに対するアニーさんの回答は素晴らしく、シュルレアリスムという言葉を使わずとも、人間としての個々の感性と反抗を取り戻すこと、それには芸術家である必要もないという、人間としての生き方の新たな地平を示唆するものだった。まさしく、私が狙っていたアニーさんの、一種過激な発言であり、主催者として、アニーさん来日招聘の大きな意義を噛みしめる。

　終了後、誠に慌ただしい事態となる。会場前で佐々木聖さんが訳書の販売で忙殺され、私はアニーさんと星埜氏を接遇。色々と手違いが生じたが、何とか予約している神楽坂の「花かぐら」で、アニーさんと星埜氏を中心に、朝吹氏、前之園氏、阿部氏、その他十数名で晩餐。

　二十三時頃閉宴、アニーさんと鈴木さんをタクシーで先にお見送り。私たちは電車で帰途。途中、新宿駅で、前之園氏としばしの別れの握手。私は明日からアニーさん、鈴木さんと京都へ同行するゆえ、恵比寿で佐々木聖さんと慰労を兼ねて一献傾ける。所定の講演会二回をほぼ滞りなく終えたことに胸をなでおろし、互いの労をねぎらい感謝。

九月二十二日［祝］雨　22, septembre

　アニーさん来日以降、天候不順で晴れ間がなく、生憎の雨。十二時に日仏会館へ。荷造りを済ませたアニーさんと鈴木さんが現れる。アニーさんの荷物の一つは超大型のキャリーバッグで、タクシーのトランクに乗せるのに、鈴木さんと二人がかりでないと持ち上がらないほど重い。実はこのキャリーバッグは京都に持っていかずに「LIBRAIRIE6」に預け、二十五日にアニーさんが東京へ戻った際、佐々木聖さんの厚意で、彼女に羽田空港に持ってきてもらう荷物だった。なので、タクシーで一旦、「LIBRAIRIE6」へ行き、当のキャリーバッグを佐々木聖さんに預ける。礼を言うアニーさん。再度タクシーで出発、雨の中、傘もささずに車が見えなくなるまで見送る佐々木聖さんの姿に、アニーさんが感動、「聖（shô）、Merci Beaucoup !」。

東京駅八重洲口でタクシーを降り、新幹線内で昼食を摂ろうと、地下街で弁当を購入、しかし少食のアニーさんは、弁当は重いので、私と鈴木さんでお惣菜を選ぶ。十三時半頃発の〈のぞみ〉に乗車、三列並んで座席を取ったので、窓側にアニーさん、真ん中に鈴木さんで座る。

私と鈴木さんは缶ビール、アニーさんはお茶を飲み、リラックス。やはり講演の仕事を終え、アニーさんも肩の荷が下りたのだろう、表情が柔らかい。途中、雨は止んだものの、曇り空で富士山は見えなかったが、伊豆の海が見える。鈍色の海を見て、アニーさん、故郷のブルターニュの海の色に似ていると言う。そして、アニーさんの実兄がキプロス島に住んでいる考古学者で、今夏にそこで泳いだと言う。私たちは彼女の元気さにびっくり。さらにラドヴァンが亡くなった後、落ち込んでいる自分の気分転換にと、友人のアントワーヌ・ガリマール夫妻に誘われ、エジプトに旅行し、ナイル川で泳いだと言う。えっ、鰐がいるのでは！　と驚くと、全然気にならなかったと。小柄で痩身の彼女のエネルギーに驚嘆。そしてまた、私に〈イヴシック〉と言っていた彼女が、今日はファーストネームの〈ラドヴァン〉と言っていること、イヴシックが亡くなった後、やはり友人が見かねるほど落ち込んでいたことを私に言うあたり、かなり胸襟を開いてくれたことを感じる。

十五時半頃、京都駅到着。雨が降っている。やはり東京より蒸し暑い。タクシーで宿泊先の京都御所に隣接する「パレスサイドホテル京都」へ。実は三ヶ月前に宿泊先を探していたところ、シルバーウィークとあって、他のホテルも予約がなかなか取れず、辛うじて取れた小さなホテルで、せめて客室は狭くないよう、アニーさんにはダブルルームを用意。鈴木さんは、シングルルームで十分とのこと。客室でしばらく休憩するとのことなので、十九時にホテルへお迎えに上がることを約して、私は一旦自宅へ。

十九時にお迎えに上がり、タクシーで花街の先斗町へ。お茶屋が一階で営む京の家庭料理店「安だち」へ入る。この店は私の若い頃、仏文学者・生田耕作氏とご一緒によく通った馴染みの店だ。雨のせいか、客が少なく、静かな雰囲気の中、カウンターを前にアニーさんを挟んで腰掛ける。竹材の薄皮に墨で書かれたお品書きに、アニーさんが目を留め、このお品書きの素材は何かと問われる。美しいのでどこかで買えないかと言われ、店の主人に訊ねると、京都中央卸売市場に売っているとのこと、少し遠方なので、探しておきますと私は答える。

水菜とお揚げ煮、生湯葉のさしみ、加茂茄子の田楽、京風水餃子、湯豆腐、土瓶蒸しなど、アニーさんが好きそうなメニューを選び、三人で食べ分けると、少食のアニーさんが私たちと同様、すべてを食されるので驚く。やはり京料理が口に合うらしく、「美味しい〈bon goût〉」と何度も頷かれる。特に土瓶蒸しは最高で、店主の奨めどおり、最初の一杯をそのまま飲み、二杯目にカボスを絞って飲むと、松茸の香りと味のヴァリエーションが広がるとのこと、両方を飲んだアニーさん、カボスの有無の微妙な味覚の差に、なるほどと唸り、あまりの美味に頷く。アニーさんの味覚の鋭さに、私は嬉しくなる。

アニーさんは感慨深くこう話される。「ラドヴァンが、死を前にしたブルトンと過ごしたあの九月から、ちょうど五十年後の今、私がその二人のことを語りに日本に来たことに不思議な縁を感じる」と。この発言をアニーさん本人が口にされたことに、私は一種の感動を覚える。人や物との出会い、未知なるものへの〈賭け〉、〈客観的偶然 le hasard objectif〉の顕現……アニーさんとの出会いと来日に向けて一直線にたどってきた道筋と隣り合わせて、当のアニーさん本人にも、不思議な感慨が及ぼされたことに、私は今回のイベントの核心に触れた感じを覚えぬわけにはいかなかった。

そして陶然と燗酒の杯を重ねていると、隣からアニーさんが、美味しそうなので少し飲ませてと言う。新しいお猪口に燗酒を少し注ぐと、彼女はゆっくりと飲み干す。「温かいお酒はいいものね」と日本酒の燗を褒めてくれたが、もう一杯とは言わない。そこで、本当にアニーさんはお酒を嗜まないのかと訊ねると、シャンパンなら少し飲むと。イヴシックと一緒にいた時はどうだったかと問うと、二人ともめったに飲まなかった、なぜなら安物の酒はまずく、飲まない方がマシだったから。たまにお金が入った時に本当に美味しいお酒を飲んだと。

次に煙草。アニーさんは吸わないので、私は遠慮しながら吸っているのだが、昔の写真ではイヴシックが常に煙草を手にして写っている。イヴシックは吸っていたのかと問うと、「私が七〇年代に大病した時に、彼は私のために止めた」と。私は彼のアニーさんへの強い愛を感じる。すると「ラドヴァンは、本当に写真に映った雰囲気そのままの人だった。年は離れていたが、一度たりとも年齢差を感じたことはなかった」と。その言葉に私は、アニーさんこそ、イヴシックへの強い愛を秘めていることを痛感しないわけにはいかなかった——人生を激変させてしまうポエジー、恋人たちが知っているポエジー、著書『換気口』に書かれている言葉だが、まさに嵐のような愛の物語が二人の歴史の間に刻まれていて、それがアンドレ・ブルトンの言う詩と愛に深く重なり合っているような気がしたのである。

充実した時間を過ごし、二十二時頃に店を出ると、アニーさんが少し散歩したいと言う。雨が上がっており、私たちは三条河原に降り、鴨川のせせらぎを耳にしながらそぞろ歩き、御池通に出てタクシーで帰途。

九月二十三日［金］曇り時々晴　23, septembre

今日は、同志社大学のフランス人教授、アンヌ・ゴノンさんが、アニーさんを京都案内する日だ。アンヌさんは、ナディーヌとティエリー夫妻の友人で、今企画当初、アンヌさんの助力のもと、同志社大学でアニーさんの講演の話が持ち上がったのだが、大学の都合で挫折した経過があった。そこで一日だけでも京都を案内しようということで、朝十時に彼女がパレスサイドホテルへ迎えに上がる手はずとなっていて、私は午前中、休養することができた。それにアンヌさんは、日本語が達者なので、連日の日常通訳でお疲れの鈴木さんが少しは楽になるわけだった。

十三時頃、鈴木さんから連絡が入り、今、アニーさん、アンヌさんと金閣寺にいて、これから昼食、その後合流されたいとの連絡が入る。で、十四時頃、哲学の道から北へ伸びる疏水沿いの小道で、アニーさんたちと合流。今日のアニーさん、白地に瀟洒な青紫色の花柄をあしらったブラウスの粋な装い。午前に龍安寺と金閣寺に行ったが、龍安寺石庭は感心しなかったと言う（私も同感）。昼食は大徳寺境内にある老舗精進料理店・泉仙（いづせん）で、精進料理を堪能し、すべてが大変美味しかったと。さすがはアンヌさん、京都を知悉し、アニーさんの好みを把握されていると感心。

銀閣寺近くの哲学の道で、雲間から陽が射す。アニーさん来日以来、初めての太陽。ふと見ると、アニーさん、いつの間にか、おしゃれな大きいサングラスをかけている。それがまたとてもよく似合い、まるで往年の大女優。アンヌさんとアニーさんが二人で話しながら歩いているので、鈴木さんは今日はお役目から解放されてリラックス。私は鈴木さんに、普段、アニーさんとどんな会話をしているのか訊ねる。すると鈴木さん、アニーさんと二人で会話していると、まるでアニーさんの後ろにイヴシックがいるような気がして、三人で話している感覚になると言う。それだけ話題にイヴシックが出ることが多く、彼女は、二人称の〈私たち〉を多用してイヴシックと一体となっているわけだ。私は半世紀近くに及ぶ二人の絆の深さを思い知る。

哲学の道を南下し、谷崎潤一郎ゆかりのアトリエ・ド・カフェ（現在は閉業）が見えると、法然院の墓地へ寄り道し、足フェティッシュの谷崎を象徴する足型の谷崎夫妻の墓石を眺め、アンヌさんのよく通うおしゃれな紅茶専門カフェ「アッサム」で休憩。その後、アニーさんとアンヌさん、百貨店で洋服に使う布地などを見たいとのこと、アンヌさんの案内でアニーさんと鈴木さんの三人は四条の大丸百貨店へタクシーで向かい、私は一旦帰宅。

十九時頃、鈴木さんから、買い物がそろそろ終わるとの連絡、宿泊先に近い烏丸丸太町近くの和風創作料理の居酒屋「喜楽亭」で晩餐会をすることに。アニーさんの東京での講演に京都から遠路参加していただいた画家・山下陽子さんとアトリエ空中線の間奈美子さんも晩餐に参加。アンヌさんがいるので、鈴木さんは通訳をせずともよく、リラックスして飲んでいるのが印象的。山下陽子さんが自作の『未踏の星空』作品集をアニーさんに見せると、アニーさんは「とても美しい」と賞讃、こと芸術に関してお世辞を言うような人ではないので、非常に貴重な評価。間奈美子さんもイヴシックとアニーさんの訳書の装幀の美しさを褒められる。私は明日もアンヌさんに京都案内を同行してほしいと頼むが、大学の仕事で忙しく、無理とのこと。そこでアニーさんは、イヴシックと自分の訳書をアンヌさんに献呈したいので、明後日、アンヌさんにホテルまで来てほしいと頼まれる。二十二時頃散会。

九月二十四日［土］曇り時々晴　24, septembre

アニーさんと鈴木さんは、朝早くの九時半からホテルを出、昨日、アンヌさんから薦められた五条坂に近い陶工・河井寛次郎記念館へ。私は岡崎の観世会館で正午開演の能（林定期能）を三人で観るため、最前列の座席を確保しようと、開門時間前の十一時過ぎに並びに行く。演目は「三輪」と「山姥」。もう少し艶めかしい演目が良かったのだが、あいにく、アニーさんの京都滞在中に開演されているのは、この観世会館での一日のみ。三十人くらいの行列ができ、十一時半に開門、三枚のチケットを購入し、最前列の三席を無事確保。

あとからアニーさんと鈴木さんが来場、河井寛次郎記念館がとても良かったと。なるほど、特に戦後の河井寛次郎の陶器は、ダイナミックで生命力に溢れ、縄文に繋がるものがあり、肉体性のある作品として、さぞアニーさんのお目にかなったことだろうと納得。それだけに今日の能の演目に不安が広がる。なぜなら「三輪」は、奈良の三輪の里の神さまの話で、女性神とはいえ、まったく色気のない物語だからだ。かつて生田耕作氏が、歌舞伎とは違い、能は前近代のもので、まったく面白くないと発言されていたことを思い出す。

開演後、まずあらすじの解説が入る。アニーさんは英字の解説書に見入る。そしていよいよ開始。それから約二時間、舞台上の動きが非常に少なく、単調な鼓の打音とお経のような声音が延々と続く。十四時頃閉演、休憩後に次の演目「山姥」が始まるが、三人とも、見計らうように、「出ましょうか」と打診、皆で合意して会場を後にする。

アニーさん、非常に悩んでいる様子。「なぜこれほど退屈で面白くないのだろう。ラドヴァンは能を高く評価していたのに、原因が分からない。ブルトンもテレビで能を見て、褒めていた。しかし今見た限りでは、肉体性というものがない」。そこで私は、演目の違いによるのではと問いかける。するとアニーさんは「たしかに、そうかもしれない。ラドヴァンが観たのは、管弦の宴で垣間見た美しい女性の姿に恋心を抱いた庭掃の老人が、鼓の音が鳴ったらもう一度姿を見せるという女性の言葉を伝えられ、懸命に鼓を鳴らすが、綾が張られた鼓ゆえ鳴らず、老人は恨んで池に身を投げるという恋と妄執を描いた演目だった」と。私はそれを「綾鼓」という演目かと思い、それなら「三輪」とは大分違うと答える。「とにかくいい宿題をもらった。パリに帰ったら、よく調べてこの疑問を解決したい」とアニーさんは結論づける。

私たちは能の議論を交わしているうちに、白川沿いの小道を歩む。途中、川のほとりに、真紅の曼珠沙華が咲いている。アニーさんはそれに目を留め、携帯電話で撮影。やはりフランスには曼珠沙華がないのかと鈴木さんに問うと、もちろんという答え。それにしても今日のアニーさんの衣装は華やかだ。竹色、黄色、橙色の縞模様のブラウスに、鮮やかな紺とピンクの大きなスカーフという装い。同年代の日本の女性にはあり得ない出で立ちだ。私はアニーさんがおしゃれで、とても良くお似合いだと言うと、「昔のフランス女性は、おしなべてエキセントリックで美しかった。それぞれに個性があった。今は皆同じ感じで、美しさがない」と。これには私も唸らずにはいられなかった。

祇園白川沿いの瀟洒な街並みを歩み、遅めの昼ご飯に、祇園の四条通りに面した「西利」の京漬け物バイキング店へ。見ると、ガラス張りの冷蔵室に二十種類ほどの色とりどりの京漬け物が並べられていて取り放題。千枚漬け、すぐき、赤かぶら、ゆず白菜、しば漬け、みぶ菜など、寒がりのアニーさんなのに、冷蔵室で大皿に十種類ほど盛って、急須から注がれた京のほうじ茶を飲みながら、全部食される。そしてなんと再び冷蔵室へ入って、十種類ほど盛られ、これも食され、「私がもし京都に住んでいたら、毎日この店に来る。それほど美味しい」と少食とは思えぬ健啖ぶり。鈴木さんも長年のパリ暮らしで、美味しい白米を渇望していたところへ、丹後産コシヒカリの熱々のご飯を食べ放題とあって、美味しそうにご飯を頬ばっている。アニーさんの味覚にまさにストライク、鈴木さんの大満足に、嬉しくなる。そして彼女は、ここの代金は私が払う、日本円を持ってフランスに帰っても仕方がないから遠慮しないでと言われ、私たちはご馳走になる。

四条大橋へそぞろ歩き、昼間に初めて鴨川の風景を目の当たりにするアニーさん、思わず欄干に肘をつき、風景に見入る。先ほど祇園町を歩きながら電線と電柱が風景を邪魔していると批判していたが、このパノラマと空の広さ、そして九月末まで西岸に櫛比する納涼床の風景は格別である。しかしアニーさん、時折通りがかる若い女性の着物姿を見て、今時の女性の着物がなっていない、三宅一生が言っていたとおりだと眉をひそめる。いわゆるパッチワークの着物で、瞬時に見分けるお目の高さに感心する。そしてまた、信号のある横断歩道前で、多くの人が赤信号を守って渡ろうとしない光景を見て、アニーさんは驚く。車も来ないのに渡ってしまったらいいのよと、彼女が渡ろうとするので、私たちは渡り切る。規則への自己隷従の馬鹿々しさを行動で示した恰好で、彼女の気概に共感を覚える。

晩ご飯にはまだ早いので、アニーさんが姪っ子のスカートを買いたいとのこと、四条の高島屋百貨店へ行かれるので、私は一旦別れ、鴨川沿いで晩ご飯にしようとお店を探す。

結局、夜は冷えるので寒がりのアニーさんゆえ納涼床を避けることとし、四条大橋西詰にある京料理屋「いづも屋」四階の眺望の良いテーブル席を予約。(アニーさんはお座敷で座るのが辛いらしく、京都ではすべて椅子席を選択)。そして十九時頃、アニーさん、鈴木さんと合流し、最後の晩餐ゆえ、ゆっくりと会話を楽しむ。麩田楽、胡麻豆腐、ぼたん湯葉煮など、アニーさんの好きそうなメニューを選択、私は燗酒だが、アニーさんはいつもながら熱いお茶。

ガラス張りの窓からは、東山のシルエットを背景に、南座の甍と雲間に繊月、眼下に四条大橋と鴨川が望まれる。その絶好の眺望を前に、私は生田耕作編『鴨川風雅集』（一九九〇年、京都書院刊）をお見せし、江戸から戦前にかけての鴨川の風景や写真のページをめくりながら、この場が四条の河原乞食だった歌舞伎の祖・出雲の阿国以降、今はない中州をメッカに芸能の中心になったこと、十八世紀以降、幾多の漢詩人に詩を詠まれ、数々のマイナーポエットを輩出したこと等を解説。そして当書の後跋は私が書いたことを紹介。それは一九八〇年代後半に日本を席巻したバブル経済による風景破壊施策への怒りと危機感によるものだったと。この本は重くて荷物になるので、またパリの自宅へ贈ると言うと、アニーさんは嬉しそうに微笑んでくれる。

四条大橋にて

次に話題は、アナキスト大杉栄に。ナディーヌが大杉栄に興味を持っていたので、私は大杉の自叙伝の英訳本を差し上げたことがあるのだが、そのナディーヌから大杉のことを聞いたという。私はひととおり大杉栄のことを話す。とりわけ彼がパリのメーデーに参加し労働者を扇動した罪でサンテ監獄にぶち込まれたこと、クロポトキンの日本への紹介者であり、人間としてもアナーキーで魅力的な男だったこと、関東大震災の混乱の最中に官憲に虐殺されたことなどを語ると、アニーさんの目が輝き、ぜひ読みたいという。仏訳本があるかどうかわからないが、英訳本はあるのでパリに送ると約束する。

百年前に生きた大杉栄のことを思うと、アニーさんが講演で語ったように、人間としての分け前を取り返す感性的不服従が、現代では見事に消費社会に収斂されてしまったことを痛感する。そして私は、現代日本に生きて、オリンピックなどに代表されるスポーツの振興、健康増進という施策が、いかに全体主義に繋がる巧妙な罠かを実感すると言うと、アニーさんは我が意を得たりと頷き、ラドヴァンは、真っ向からスポーツを批判し、スポーツを通じた規則への隷従や団結の精神がいかに全体主義的な虚妄を育むかを明らかにした文章を雑誌に寄稿したことがあるという。私はぜひそれを読みたいと言うと、アニーさんはまたパリでお会いした時に見せようと言ってくれる。

次に話題は、八十歳を越えても作品制作を続ける元シュルレアリスト、ジャン＝クロード・シルベルマンのことに。私は今回『等角投像』と題する編集本を刊行し、ブルトンが晩年に紹介した画家二十二人を取り上げたが、その中でジャン＝クロード・シルベルマンの作品だけは好きになれない、ブルトンは本当に評価していたのかと問う。するとアニーさんの答えは驚くべきものだった。

「一九六四年にシルベルマンが個展を開いた際、彼はブルトンにオマージュを書いてほしいと何度もせがんだものだから、ブルトンはやむなく書くことにしたが、もともと評価していないものをうまく書けるはずもなく、とうとうブルトンは一度書いた原稿をゴミ箱に捨ててしまった。ゴミ箱にある原稿をエリザ夫人が見つけて読んでみると、ブルトンの思想が端的に凝縮されているので、これは捨てるに惜しいとブルトンに言い、ブルトンももう書けないものだから、それならこれを採用しようということで発表されたのが、『この代価を払えばこそ』*A ce prix* というテクストだ。ご存じのように、シルベルマンの作品に関しては最後の数行だけ申し訳程度に書かれているだけで、あとはすべて当時のブルトンの思想が語られている」と。

私は疑問が一気に氷解し、道理でシルベルマンの作品は晩年に至るほど目を覆いたくなるほどの駄作揃いだと言うと、アニーさんは頷きながら、彼はいつも私にすり寄って来るのだが、インチキな男だから私はずっと無視していると。アラン・ジュフロワはどうかと聞くと、世渡り上手の八方美人だから、彼も私にこびてくるのだが、ずっと無視してきたと。アニーさんの潔癖な対応に痛快な気分になる。

次にアニーさんのレンヌの実家のことを訊ねる。『塔のなかの井戸』でイヴシックは、レンヌの城にある四つの屋根裏部屋でこれを書いたと記しているが、アニーさんの実家はお城だったのかと。するとアニーさんは大いに笑い、「まさか。普通の家で、離れの藁小屋をそう表現しただけ」と。私がなおも地方貴族の家柄だったのかと問うと、実父は包丁研ぎ職人で、レンヌ市街に自分の店を持ち、その店が《銀のハサミ》という名だったと。私も鈴木さんも美しい店名に感嘆。するとアニーさんは述懐するように、私だけが異端児だった、反抗的なわがまま娘で、大人になった途端、パリに飛び出して、両親は常に心配していたと。その両親もすでに亡くなり、実家も今はもうないと。

そこで私は次の質問に移る。『あの日々のすべてを想い起こせ』でイヴシックは、当時の妻だったマリアンヌと冷めた関係にあって、もうすぐ別れると書いているが、実際にアニーさんと再婚したのがその六年後の一九七二年で、かなり長い時間を要しているのは何故かと。するとアニーさん、とても言いにくそうに、私たちが結婚するのに、数々の横槍や嫌がらせ、障壁があったのだと。その答えに私は一種の感動を覚える。だからこそ、よけいに二人の絆が深まったのだと。そしてイヴシックが当書でわざわざアニーさんと結婚した日付、すなわち一九七二年四月十一日とまで明記したことに、並々ならぬ思いが込められていることを悟る。同じ七二年に刊行された二人合作の詩『アルプス横断』*La Traversée des Alpes* では、次の文句で詩が結ばれているのだ、「私たち二人は山脈のごとく孤立している。私たち二人はどこにいても共犯者だ」と。

そして以後も、イヴシックの著書の多くには〈アニーに〉、アニーさんの著書の多くには〈ラドヴァンに〉の献辞が冠され、二人がブルトンの存在を通じて繋がり、トワイヤンの存在を通じて熱愛に至り、長い歩みを経てきたことは、シュルレアリスムという、ある意味、男女統合の果ての至高点を目指す大いなる思想的水脈が生み落とした現実上での最大の果実の一つではなかったかと納得するのである。

それだけにイヴシックが亡くなったことは想像以上にアニーさんに打撃を与えたのに相違なく、私はイヴシックのお墓はパリにあるのかと訊ねる。するとアニーさん、遺灰はブルターニュの海に撒いてほしいとラドヴァンは言っていたが、まだ実行できていない、ずっと家にあるのだと。私は遺灰を手元から手離せないアニーさんの気持に胸が痛む。

そろそろ店を出ようとする頃、アニーさんは私に、他にも色々聞きたいことがあれば、パリにいる私にメールをしてくれたらいいとおっしゃってくれる。そしてエディション・イレーヌの今後の出版計画についても訊ねられる。私はまずアニーさんの講演録を出すことが先だと言うと、講演原稿や質疑応答の微修正をさせてほしいとのこと、私は是非にということで、協力をいただけることを喜ぶ。

二十一時半頃、店を出ると、アニーさんは歩きたいと言う。それで四条河原へ出、鴨川沿いをそぞろ歩く。話題はトワイヤンのことに。私はイヴシックのエッセイ集『カスケード』*Cascades*, 2006で、トワイヤンとエリュアールの関係について書かれているのを読んだと言うと、アニーさんは、トワイヤンから直接聞かされた真実について教えてくれる。

トワイヤンがエリュアールと初めて出会ったのは、一九三五年にエリュアールがブルトンと共にプラハを訪問した時のこと、当時のエリュアールはブルトンの片腕として活躍しており、その優しい人柄にトワイヤンも惹かれ、すぐに友人となったが、彼は毎晩、淫売屋で女を買う男だった。それから十一年後、チェコに共産主義体制が敷かれていた頃、ハイズレルをかくまっていたトワイヤンのアパルトマンに共産党の制服姿の男数名が踏み込んできたのだが、その一人がエリュアールだった。トワイヤンはエリュアールが戦争前にブルトンと決裂し共産党に入党したことを知らなかったので、「ブルトンはどこ?」と訊ねたという。「ブルトンはアメリカだろう。彼のことなど知ったことではない。」そう言われて事情を悟ったトワイヤンは唖然としたという。「さあ、事情が分かったのなら、君も立場をはっきりするんだな。ブルトンを取るか、僕を取るか」。トワイヤンは権力を傘にきたエリュアールの傲慢な態度に吐き気を催したという。その直後、トワイヤンはハイズレルとパリへ亡命、一九五〇年、チェコのシュルレアリストでトワイヤンの同志であったザヴィス・カランドラがチェコで粛清に合い、処刑されようとした時、ブルトンは、共産党の公式代表詩人であるエリュアールに、助命嘆願の公開書簡を送ったのだが、エリュアールは有罪の人間を相手にしないという冷淡な返答をよこし、結局、カランドラは処刑されたのである。

トワイヤンはエリュアールという人間を絶対に許すことができなかったが、それ以上に傷ついているブルトンの胸の内を慮って、チェコでエリュアールに踏み込まれた一件だけは、最後までブルトンに秘していたという。何という友情と思いやりであろう。それに引き換え、エリュアールのあまりの変節ぶりと卑しさに私も唖然とする。

次にアラゴン。周知のように、アラゴンは共産党文化相として権勢を誇り、戦後のブルトンの活動を何度も妨害してきたのだが、晩年になってブルトンと会って仲直りをしたいと言い出した。そのことについて、アニーさんは次のように言う。若い頃に一旦ブルトンから除名されていたアラン・ジュフロワが、晩年のブルトンにすり寄り、アラゴンの意向を伝えたが、ブルトンは心情的には軟化しつつも再三拒否していた。しかしジュフロワは某マスコミを介して、アラゴンの意向を公式的にブルトンに伝えたところ、ブルトンの答えはこうだったという。「君に会うことはできない。なぜなら、君と私との間には、累々たる屍が横たわっているではないか。その犠牲をないがしろにしてまで会うことはできない」と。思想が人を殺す重さをかみしめた、真実の人、ブルトンの真骨頂であるが、私はアラゴンの権力欲と軽さに呆れてしまう。アニーさんは、著書『換気口』で、アラゴンは変節前から、詩的イメージの偽造品の理論家になっていて、世界の破滅を平気で言う人間だったと手厳しく指摘している。

アニーさんが熱く語ってくれているので、ふと気づくと、私たちは鴨川沿いを丸太町通まで遡っていて、御所の南を西進しているのだった。全体主義的思考がいかに恐ろしいものか、ブルトン、ペレ、トワイヤン、そしてイヴシックが肌身で知っていたことを魂で痛感してきたアニーさんの真剣さに感動する。そして私はブルトンという人が、まだまだ魂の部分まで理解されていないのではと問うと、アニーさんは、厳しい顔をしてこう言うのだった。ブルトン没後、幾多のブルトン論が発表されてきたが、すべて間違っている、ただ一つ信用できるのは、マルグリット・ボネのテクストだけだと。その言外には、あなたもくだらぬ理論的構築物には惑わされないようにとの、警鐘が込められているように思えた。

ついに私たちは宿泊先のパレスサイドホテルに歩いてたどり着く。三キロ以上歩いたであろう、アニーさんの健脚に驚くと同時に、思想信念上の真剣さに触れた充実感が私を包んだ一夜だった。

九月二十五日［日］ 晴れ時々曇り　25, septembre

約束どおり、十時に宿泊先にお迎えに上がる。アンヌ・ゴノンさんが来ていて、アニーさんが私の訳書を彼女に献呈しているところ。私はナディーヌに献呈用の訳書をアニーさんに預ける。羽田発パリ行き便が二十三時五十五分なので、逆算すると、十六時頃には京都を発つ必要がある。それまでにもう一カ所、京都を案内する予定なので、アニーさんは、荷作りを終え、フロントに鞄を預ける。

今日は、アニーさんの来日以来、最も良い天気で青空だ。アンヌさんは大学の用事で去られ、私たちはタクシーを飛ばして、嵯峨野の広沢池のほとりに降り立つ。ここは私の実家に近く、知悉した土地だけに、ぜひ案内したい場所だったからだ。歴史的風土保存地区に指定されており、近代的な建造物がなく、北嵯峨一帯に田園風景が一面に広がっている。背後に遍照寺山を配した広沢池の美景に、アニーさんは晴れやかな笑顔。大覚寺や大沢池に向かう野道をそぞろ歩くと、道端に曼殊沙華が咲いている。街なかの曼殊沙華より茎が太く、一層鮮やかだ。写真を撮るアニーさん、ふと畑との境目に落ちていた蛇の抜け殻を目ざとく見つけ、嬉しそうに拾い上げる。目や口の跡が残った五十センチはあろうかと思われる見事な抜け殻。肩にかけてみると、黄褐色のおしゃれなアクセサリーに見紛う。パリに持って帰ると言って、鈴木さんの手助けでファイルの中へ抜け殻を大切そうにはさみ込む。

大沢池に着くと、アニーさんは、大小様々の奇怪な石仏が十体ほど並んでいるのに着目、これは何？　と私に聞くが、私としたことが、行き慣れた大沢池なのに、目に留めたことがなかっただけに、アニーさんの独特な着眼に驚く。私は分からないと答えるが、一見して縄文の土偶に似ているので、まるでクロアチアの素朴画家、スクリャーニの絵のようだと言うと、アニーさん、なるほど上手いことを言うわねと笑顔。石仏群の写真を撮るアニーさん、こんな観光客はまずいない。大沢池での鯉や亀、アメンボに見入って目を輝かせるアニーさんを見ていると、まるで可憐な少女のようで、目は野生の状態で存在するという言葉そのままに、彼女の無垢な感性と視線に、詩人たる者の本領を感じる。

嵯峨野・広沢池にて

次にタクシーに乗り、二尊院前で降り、竹細工の店に。アニーさんは、竹をくりぬいて薄く精巧に磨かれた細長い湯呑み椀を自分用に購入、ご機嫌の彼女は初めて「お茶」と日本語を口にする。よく覚えましたねと私。続いて、芭蕉の弟子である向井去来の草庵、落柿舎に入る。芭蕉についてはブルトンのテクスト「上昇記号」にも書かれており、当然アニーさんも知っている名だ。草庵の外壁に掛けられている蓑合羽を見て、アニーさん、昔のクロアチアと同じ雨具だと言う。落柿舎を出て小道を歩むと、徐々に観光客が増えてくる。途中、何の変哲もない釣り堀の小池があり、アニーさんは足を止める。「この池の風景、ワトーの絵で見た感じとよく似ている」と。なるほど、言われてみれば鬱蒼とした森を背にした小暗い池の感じが、どことなく似ていなくもないが、アニーさんはしばらく池を見つめ、写真に撮る。行き交う観光客は誰も釣り堀の池など見向きもしないが、アニーさんが熱心に写真を撮っているのを見て、何か名所でもあるのかとキョロキョロしているのが面白い。私も地元の人間として、この釣り堀の池を素通りしていたが、改めて風景を見直す気になる。やはり常に感性は新鮮でなければならないと。

続いて、大河内山荘から野宮神社へ下る有名な竹林の道へ。天高く伸びる鬱蒼たる竹林の間の小道を通ると、さすがのアニーさんもビックリ。大規模な竹林はブラジルで目にしたが、こんなに竹が真っすぐ伸びて長いのは初めてだと。そして携帯で竹林を撮ろうとするが、行き交う観光客が多くなってくると、アニーさんが一言、「これだけ科学技術が発達しているのなら、風景から人間を削除する写真機能を発明してもよさそうなものね」と。気の利いた皮肉に私たちも笑いを誘われる。しかも、自撮りをする観光客が多く、時々道をさえぎるものだから、アニーさん、「私が市長なら、自撮りは絶対、法律で禁止させるのに」と。自撮りをする人間の神経の野卑さに我慢ならないのは、私も大いに同感。

嵐山に近づくにつれ、行き交う観光客が増え続け、「まるでモン・サン・ミシェルみたいね」と言うアニーさんの言葉に笑ってしまう。そこでこの雑踏から早く逃れて昼ご飯を食べようと、嵐山の大堰川沿いにある京都嵯峨料理店「奥の庭」へ入る。アニーさんには、生湯葉御膳を選択。良い天気で汗ばむ陽気なので、私と鈴木さんは生ビール。見ると、アニーさん、ご飯の上に生湯葉と椎茸と三つ葉が載っているのだが、そのほとんどを平らげている。ご飯まで一緒に食べているアニーさんを見たのは初めてだから、日本食にだいぶん慣れた矢先に帰国されるのは惜しいと、私は残念がる。御膳に添えられた京漬物やデザートも完食。そんなアニーさんと今日でお別れかと思うと、悲しくなる。

十四時半頃、店を出、タクシーを拾って、一旦宿泊先に預けた荷物や鞄をもらい受け、京都駅へ。新幹線切符売り場で、今日は富士山が見えそうだから、A側席を確保しようとしたが、あいにくすべて塞がっており、E側席に。富士山が見えるようなら、車両の連結部の車窓へアニーさんを案内すると鈴木さん。私は入場券を買ってホームまでお見送り。羽田空港での見送りは佐々木聖さんにバトンタッチだ。

十六時五分、東京行〈のぞみ〉がホームに滑り込む。アニーさんと鈴木さんに再会を約して固い握手。窓越しに、アニーさんが別れを惜しんで手を振っている笑顔が、目に焼きつく。新幹線が去ると、一抹の寂寥。私はすぐに、佐々木聖さんに連絡、今、京都駅を発たれたと。

十七時半頃、鈴木さんから、二人で連結部の車窓から富士山を見たとのメール。良かった！　十八時半過ぎ、佐々木聖さんがアニーさんの重いキャリーバッグを持って羽田行きの電車に乗ったとの連絡。十九時過ぎに羽田空港で、アニーさんに出会うだろう。

私は自宅に戻り、虚脱感に襲われていたところ、二十一時頃、佐々木聖さんからスカイプで連絡が入る。画面に、アニーさんと鈴木さんと佐々木聖さんの三人が映り、これからアニーさんは出国ゲートを通過するので、最後のお別れだという。手を振るアニーさん、さようなら！　一瞬だったが、日本での最後の別れができたことに感謝。

晩遅く、佐々木聖さんから電話。先ほど、鈴木さんも都内のホテルへ戻られたところという。互いの労をねぎらう。夕刻に佐々木聖さんが、アニーさんの大きなキャリーバッグを羽田空港に持って行ったところ、アニーさんが満面に感謝の笑みを浮かべ、「聖！　ありがとう！」と温かく抱擁され、とても感動したとのこと。それから軽い食事とお茶をし、二十三時五十五分発なのに、夜遅くなる自分たちを気づかって、二十一時という早い時間に出国ゲートへ去られた優しさにも打たれたという。そう、今は日が変わる二十四時、アニーさんが日本を飛び立っている頃だ。そう思うと、私も佐々木聖さんも寂しさが込み上げ、明日から虚脱感と寂寥に襲われることを予感して意気消沈。しかしアニーさんが満足して帰られたと確信し、その達成感に救われる。

エピローグ—— épiloque　2016. 9. 26～10. 23

翌二十六日夕刻、鈴木さんからメールが入り、アニーさんが無事パリ到着、自宅に戻られたとのこと。昨日、京都は三十度の陽気だったが、パリは九度の寒さだとアニーさんは言っていたので、体調を崩されないか心配になる。その夜、私は直接アニーさんにお礼のメールを送信。すると翌日にアニーさんから、次のようなメッセージが返信される。

「私はあなたが自分自身の人生に賭けた情熱によって、この企画を成し遂げられたことに強く打たれました。そんなことは現代では稀なことです。とりわけ、ラドヴァンと私の訳書を刊行し、その編集ぶりを見れば、あなたの情熱が伝わってきます。京都近郊の野道の散歩は特に素敵でした。しかも空港で、聖と和彦が最後まで優しく案内して見送ってくれたことも忘れられません。またパリで会えるのを楽しみにしています」。なんと過分なお褒めをいただいたことだろう、これまでの努力をこれほど評価されたことは、私の人生で初めてではないかとさえ思えた。

佐々木聖さんも、アニーさんへのお礼のメッセージを鈴木さんに仏訳してもらい送信したところ、次のような返信があった。「聖さんには松本さんと二人で講演の合間のスケジュールを組んでいただき、また雰囲気のある美しい場所「LIBRAIRIE6」を教えていただき、本当にありがとうございました。あの場所ではあなたのポエジーに対する感性を見せてもらいました。あなたともっと一緒に居られなかったことが唯一の心残りです。でもそれはまたの機会に取っておきますね。パリでお会いできることを今から楽しみにしています」。このメッセージを佐々木聖さんから見せてもらった時、私も彼女もアニーさんのいない喪失感に虚脱して沈んでいただけに、嬉しさがひとしおだった。

アニーさんが帰国した後もなお、佐々木聖さんの方で「アンドレ・ブルトン没後五十年記念展」が続く。十月一日には塚原史氏のトーク「ツァラと黒人芸術——ダダ百年の深層」、同月十五日には巖谷國士氏のトーク「アンドレ・ブルトンとは誰か」も盛況で、二十三日に無事、幕を閉じる。展示タイトルが、大衆に膾炙したシュルレアリスムという名称ではなく、アンドレ・ブルトンという名を冠したこともあり、トークイベントの日を除けば、おおむね客足は少なく、訳書や展示作品も少しは販売できたが、当初の予想どおり、私たちの経済的負担をまかなうまでには至らなかった。同年に催された某美術館での、大した作品のない「ダリ展」の盛況に比べれば、この一般大衆の動向は皮肉としか言いようがないが、この現象は半世紀前のブルトンの生前でも同様で、ブルトンはガリマール書店に、他のシュルレアリスム関係図書は売れているのに、なぜ自分の本が売れないのか、わざと文句を言ったそうだ。しかし、何が長く残るのかは、一握りの目利き、一部の心ある人士によって、長く伝えられていく例を私たちは多々見知ってきたわけであり、この私たちのイベントも、心ある少数派の魂に届くことができたなら、以って瞑すべしということであろう。

そうした思いのなか、イヴシックとアニーさんの訳書を各十冊、約束通りアニーさんに航空便で送って手紙を添えたところ、来日から一ヶ月後の十月下旬、アニーさんから次のようなメッセージを頂いた。「あなたたちのおかげで、日本で過ごした日々のことが、ますますリアルに心に留まり続けています。私たちの散歩の数々のイマージュ(映像)は、私の夢の一部となっています。私のこの思いを聖さんにもお伝えください」と。このイマージュは、アニーさんと同様、私も佐々木聖さんも、そして鈴木さんも共有する、おそらく一生忘れられないイマージュとなるだろう。少なくともこうは言えないだろうか。このイベントの成り立ちの深層部で、単に芸術や思想では語れない、人間と人間との、あるいは人間と物(オブジェ)との、出会いと精神的磁力が絡み合い、織り成されて、真実のものが現出し、それが五十年後の夏に繋がったのだと。

(了)

後跋

postface

本書の成り立ちは、来日記に記したように、京都の「いづも屋」で、アニー・ル・ブランと私が講演録の刊行を約したことに始まる。この講演の内容は、アニー・ル・ブランの思想のエキスが見事に凝縮されているばかりでなく、現代世界に生きる私たちの今後の方向性、つまり、シュルレアリスムの本質から受け継がれた精神的姿勢や、人間としての真実の〈在り方〉を強く示唆していることから、広く江湖に知らしめねば、あまりにも惜しい内容であると痛感したからである。

九月二十一日の講演で、アニー・ル・ブランは、五十周年を厄払いする、という言い方をしている。そのことについて、訳者の星埜守之氏は、「何周年という歴史の枠組みで消費されることへの、アニーさん独特の批判的なスタンスを感じた」(現代詩手帖3月号・特集「ダダ・シュルレアリスムの可能性」)と語られている。まさに穿った指摘であり、歴史のなかで交換可能なものとなり、その本質の特異性(singularité)が見失われることへの厄払いというわけだ。数の多さによる共有がイデオロギーとなって人々の感性を圧迫して飼い馴らしていく——その現象は、ネットワークで繋がって集団化し、思考が麻痺し、自発的な隷従状態に気づきもしないという現代的な一事例に顕著に見受けられるわけであるが、集団的な力で感性が植民地化されていると指摘するアニー・ル・ブランの炯眼は、現代の病患の真相を透視するものであろう。

そしてまた、アニー・ル・ブランの講演内容は、ラドヴァン・イヴシックの『あの日々のすべてを想い起こせ』と同様、《客観的偶然》をバックボーンにしているところに、その核心がある。彼女は二〇一二年、あるインタヴューで「あなたにとってお金とは？」という質問に対し、次のように答えている。

「複雑ですね。というのも、私はある意味で自分の望んだように生きることを試みてきたわけですから、自由であることと引き換えにかなりの代償を払ってきました。つまり社会が提案した報酬を拒否したために、直ぐに自分自身の極限に達してしまったわけです。私が生きてきた人生の大半は、先の見えない、次の週がどうなるのかも検討がつかないようなことばかりでしたが、それは一つの選択であったたし、私にとっては贅沢そのものでした。お金というものは、この選択肢を選ぶ上で全く重要な事柄ではなかった。——（中略）——またそれは同時にイマジネーションの問題でもありますね。他者が選ばない道を選ぶことで、とても興味深くて、面白い事柄に遭遇することがあります。その偶然が鎖になって、自身が想像もしていなかったような所へ導いてくれるのです。結果、それらは今まで知らなかった人との出会いや場所を発見するための術になるのです」。

さらに「あなたにとっての自由とは？」という問いに、「自由というのは可能性を引き出すために与えられるべきものであり、そしてそれが心を開放するための可能性になるのです」と。

こうした発言が、今回のアニー・ル・ブランの講演内容の素地になっていることは明らかだろう。九月十八日の講演で、ラドヴァン・イヴシックが彼の短詩集『タンケ』（一九五四年）で「私からすべてを奪い取れ。だが夢だけは、お前に渡さない」と断言することで、あらゆる妥協からの決定的な隔たりを根拠づけたことが、十年後のアニー・ル・ブランとの愛に満ちた出会いに繋がっていたことに触れているのは注目に値する。アニー・ル・ブランは言う、驚異の特性は、ポエジーの特性と同じで、人びとが最も予期していない場所と時刻に突然現れるものであると。つまり、他者が選ばない道を選び、標識のついた道を進まず、自らの心の自由に賭けた道筋の向こうに、例えば、愛に満ちた出会いが、ありえないことの場所を示すあの制作中の地図の上に、ごく自然に書き込まれることになるのだと。

このことは、九月二十一日の講演で、さらに掘り下げられる。まずブルトンとの出会いがなければ、ブルトンの名において東京での講演をすることはなかっただろうと。そしてブルトンこそが、これから始まるものに、またそれ以上に、人や物や出会いや偶然から湧き出てくるかもしれないものに、賭けることをやめなかったし、このあり方が、彼の考え方、愛し方を決定づけていたと。これは《客観的偶然》の深層を明かすものであり、「自分とは一個の他者である」と言い放ったランボーの言葉や、「私とは誰か？」で始まる『ナジャ』でのブルトンの言葉が、イヴシックの言う「自我の枠外に導く終わることなき想念」に重なり合い、予想外の出会い、ひいては驚異とポエジーが顕現する可能性を導くのである。すなわち、アニー・ル・ブランの言葉を借りれば、主観的でも客観的でもない空間、誰にも帰属していないが、自分自身と最も遠いところで自分を発見できるような複数的空間、恋人たちの空間であると同時に、感性の幾多の大いなる運動の空間でもあり、選択的親和力の作用によって常に描き直される空間、そんな空間の出現を誘発することになるのである。

アニー・ル・ブランは、その辺のところを、「生は別のところにある」という宣言の言葉を引き合いに出しながら、自動記述の冒険が、文字通り深層意識の複数的〈磁場〉を形づくるように、《客観的偶然》の深層から、意識の最高段階としての詩に賭けるシュルレアリスムの核心を抉り出している。そしてこうした意識や感性が、現実を別の仕方で思い描くことで現実を変えることさえ可能にし、西洋文明が構築してきた効率と合理性の諸価値、ひいては人間本来の欲望を縮減しようとする現代社会に対抗し得る、唯一の武器であることを見事に説き明かしている。

本書では、アニー・ル・ブランのこの二つの講演内容を、読者の理解がさらに進むように、前之園望氏の訳筆により、九月二十一日の講演タイトルである、ブルトンの一九五二年のエッセイを本邦初訳（「現代詩手帖」本年3月号にも掲載）で収録、さらに、同二十一日の講演のフィナーレで鮮やかに引用されたブルトンの詩『三部会』の全容を同氏の確かな新訳で紹介した。

この『三部会』は、ブルトン最晩年の一九六一年に発表された詩篇『A音』の自序に「私が今おそらく最も愛着をもつ詩」と書かれた長篇詩であるだけに、ブルトンの生の歩みを照らし出す重要な作品である。詳細については、訳者の前之園望氏の渾心の解説文「線と糸との物語」が、ブルトンの、ひいてはシュルレアリスムの探求の真実を見事に説き明かしており、この解説をもとに長詩を子細に読めば、アニー・ル・ブランが、東京で観衆に何を言わんとしていたのか、さらに深く納得されるであろう。

自我の枠外へと滑り出る想念や渇望が、《客観的偶然》の連鎖を誘発し、人間存在や事物を結びつける諸々の親和力の稜線を明るみに出しつつ、風景全体が描き直され、私たちを、自分がそうだと思っているものをはるかに超えたところに運んでゆく——この大いなる風こそが、人間の内奥に宿るポエジーの顕現を導き、「生にふたたび情熱を与える」契機になる。私はそのことが、この地上に図らずも生を享けた私たちの「受け入れがたい人間の条件」を打ち破る唯一の突破口であることを、このイベントを通じて、ブルトンやイヴシック、そしてアニー・ル・ブランから、身をもって教えられた気がしている。

とりわけ、九月二十一日の講演後の質疑応答の最後に、アニー・ル・ブランが引用した百年前のアルチュール・クラヴァンの言葉は辛辣である。「もうじき通りには芸術家しか見かけなくなり、そこにただの人を見つけるのは至難の業となるだろう」。そう、すべてが交換可能な商品として消費される現代世界において、もはやあえて〈芸術〉という鎧を付ける必要などないのである。アニー・ル・ブランの言うように、シュルレアリスムはそもそも芸術運動などではなかったし、理不尽なこの世界に対する「個人的奪還」に賭けた狂おしい試みであったことを鑑みれば、私たち一人ひとりが、裸の人間として、心を開放する可能性を引き出すイマジネーションや情熱に賭けること、そしてそれを阻害するものへの感性的不服従を貫いて、自らの特異性（singularité）への道を歩み出すことこそが肝要なのだと。

その意味でも、このたびのアニー・ル・ブランの来日において、十日間を共に行動した私としては、理屈や思想では語れぬ、彼女の精神の核に触れた気がしている。それを言葉で伝えるのは極めて難しく、謦咳に接するという言葉があるように、貴人の息づかいや所作、雰囲気から感じ取れるものであるゆえ、本書に掲載した詳細な来日記においても、すべてを伝え切れたとは言い難い。しかし、このたびの出会いの発端から四年の道筋を通じて、誰の人生でも現出することがあるであろう《客観的偶然》の連鎖が作用したことだけは確かであり、手前味噌ではあるが、物質的利害とは離れた次元で、〈情熱〉や〈渇望〉が、目に見えない磁場を形づくり、諸々の親和力によって風景が描き直され、思わぬ地点に運ばれてゆくその流れを、来日記で克明に追いかけて明らかにしたつもりである。そして今の私は、来日記で披瀝した繋がりの糸、すなわち、狂おしい愛に満ちた『塔のなかの井戸』から発した導きの糸が、なおも未来に開かれており、選択的親和力の作用によって、これからも繋がっていくのだという予感がしていることを告白しておこう。

本書は、自らの講演原稿や質疑応答の回答について綿密に推敲を加えていただいたアニー・ル・ブランをはじめ、その推敲後の原稿をさらに訳し直していただいた塚原史氏と星埜守之氏、質疑応答のテープ起こしから、その翻訳作業、さらに参考文献の翻訳や解説文の執筆に至るまで、多々お世話になった前之園望氏ら諸氏のご賛同と無私のご協力がなければ成り立たなかった書物である。改めて厚くお礼を申し上げたい。

そしてまた、複雑な構成からなる本書のレイアウトから造本まで、洗練された感性で美しい書物に仕立て上げていただいた若き造本家・佐野裕哉さんの本書への熱意とご尽力を謝すとともに、来日記の執筆に係るご協力をはじめ、《アンドレ・ブルトン没後五十年記念展》の貴重な作品データをご提供いただいた、こたびの最良のパートナー、佐々木聖さんにも深い感謝を込めて――。

二〇一七年四月、花冷えの京都にて　　松本完治

訳者略歴

塚原史（つかはら・ふみ）

一九四九年、東京都生まれ。早稲田大学政治経済学部卒業、京都大学大学院仏文科修士課程修了、パリ第三大学博士課程中退。現在、早稲田大学法学学術院教授、會津八一記念博物館長。前衛芸術から全体主義を経て消費社会へと至る二十世紀文化の展開に鋭い視線を向けている。著書に『ダダ・シュルレアリスムの時代』（ちくま学芸文庫）、『記号と反抗』（人文書院）、『反逆する美学』（論創社）、『20世紀思想を読み解く』（ちくま学芸文庫）、訳書にボードリヤール『芸術の陰謀』（NTT出版）、『象徴交換と死』（ちくま学芸文庫）、ビュオ『トリスタン・ツァラ伝』（共訳、思潮社）、『ダダ・シュルレアリスム新訳詩集』（共訳、思潮社）など多数。

星埜守之（ほしの・もりゆき）

一九五八年、米国ペンシルヴァニア州生まれ。東京大学大学院人文科学研究科博士課程中退。現在、東京大学大学院総合文化研究科教授。専攻、20世紀フランス文学、フランス語圏文学。著書に『ジャン=ピエール・デュプレー 黒い太陽』（水声社）、訳書にジャクリーヌ・シャニウー=ジャンドロン『シュルレアリスム』（共訳、人文書院）、ピエール・プチ『モリニエ、地獄の一生涯』（人文書院）、ジェイムズ・クリフォード『人類学の周縁から』（人文書院）、エリー・フォール『形態の精神Ｉ・II』（国書刊行会）、パトリック・シャモワゾー『テキサコ』（平凡社）など。

前之園 望（まえのその・のぞむ）

一九七六年、東京都生まれ。東京大学大学院人文社会系研究科博士課程単位取得満期退学。リヨン第二大学博士課程修了（文学芸術学博士）。現在、東京大学大学院人文社会系研究科助教。専門はアンドレ・ブルトン、シュルレアリスム。訳書にジャン＝リュック・クールクー『スルタンの象と少女』（文遊社、二〇一〇）、アニー・ル・ブラン『換気口』（エディション・イレーヌ、二〇一六）。共著書に『〈前衛〉とは何か？〈後衛〉とは何か？』（平凡社、二〇一〇）、『声と文学』（平凡社、二〇一七）。

編者略歴

松本完治（まつもと・かんじ）

一九六二年、京都市生まれ。八三年にプライヴェート・プレス〈エディション・イレーヌ〉を設立、文芸誌『るさんちまん』を3号まで刊行。編訳著に『屋上庭園』、ラドヴァン・イヴシック＆トワイヤン『塔のなかの井戸～夢のかけら』、訳書にアンドレ・ブルトン『至高の愛』、『マルティニーク島 蛇使いの女』、ジャン・ジュネ『愛の唄』、ジャック・リゴー『自殺総代理店』、A・P・ド・マンディアルグ『薔薇の回廊』、ラドヴァン・イヴシック『あの日々のすべてを想い起こせ――アンドレ・ブルトン最後の夏』、アンリ・カルティエ＝ブレッソン『太陽王アンドレ・ブルトン』など。

本書収録のⅠ「アニー・ル・ブラン来日講演記録」については、仏語版を別途、小冊子にて販売。購入を希望される場合、弊社ＨＰにてご注文ください。

シュルレアリスムと抒情による蜂起

――アンドレ・ブルトン没後50年記念イベント全記録

発行日 二〇一七年七月七日

著者 アニー・ル・ブラン、アンドレ・ブルトン
訳者 塚原 史、星埜守之、前之園 望
編・文 松本完治
資料協力 LIBRAIRIE6 佐々木 聖
発行者 月読杜人
発行所 エディション・イレーヌ ÉDITIONS IRÈNE
京都市左京区北白川瀬ノ内町二一―二 〒六〇六―八二五三
電話 〇七五―七二四―八三六〇 e-mail : irene@k3.dion.ne.jp
URL : http://www.editions-irene.com

印刷 (株)東京印書館
造本設計 佐野裕哉
定価 二八八〇円+税

ISBN978-4-9909157-3-5 C0098 ¥2880E